方行正远

方正AFC发展纪实

李辉 胡军 著

同濟大學出版社
TONGJI UNIVERSITY PRESS

《中国轨道交通 AFC 行业里的追梦者》丛书

主　编　陈凤敏　杜　潜

统　筹　郑志涛　邓　艳

编　委　邓　伟　郭　庆　黄宁宅　曾　浪　王建强
吴永锋　蔡中兴　罗洪元　杨　波　李道全
郭晓栋　吴海峰　解永生　胡　军　陆　斌
韦　强　秦树睿

审　校　李宇轩

总序

陈凤敏

陈凤敏
高级工程师，“城市轨道交通自动售检票系统工程质量验收规范”国家标准管理组组长，中国信息产业商会理事，中国信息产业商会自动收费专业委员会名誉理事长。

中国信息产业商会自动收费系统专业委员会经过历时两年多（2017年8月—2019年10月）的筹划，终于隆重推出了《中国轨道交通AFC行业里的追梦者》丛书，共计八本，将在两年内陆续出版。序齿列锦：

1. 初创篇：《兰蕙痴情》
2. 方正篇：《方行正远》
3. 熊猫篇：《引石琢玉》
4. 中软篇：《潜心笃志》
5. 普天轨道篇：《前世今生》
6. 大通电气篇：《凝铸精魂》
7. 苏州雷格特篇：《素履向前》
8. 摩沙篇：《明道正心》

遗憾的是，因为时间的关系，还有几本暂不能如愿编入本丛书，希望有后续的机会。

《中国轨道交通AFC行业里的追梦者》丛书涵盖了1988年以来，我国轨道交通AFC行业从无到有、从小到大、从弱到强、从简到新，不断成长、发展、壮大的全过程。这些著作除了本身各有其独立的价值之外，合在一起，堪称我国轨道交通建设和运营中，AFC——这个乘客自助式操作最多、自主化程度最高的弱电专业——全体从业人员不断学习实践的创新发展史。

“盛世修志”是我们中国优秀的文化传统。处在当今这样一个瞬息万变的信息化时代，我们有责任为后人、为年轻一代留下系统、翔实的 AFC 行业发展史料，从而为现今乃至将来交通行业的建设运营提供借鉴；为关心和热爱 AFC 行业的人士熟悉、了解收费系统及其技术提供帮助；也为更好地服务于广大乘客、加快建设交通强国、实现中华民族伟大复兴的中国梦，作出 AFC 人的一分贡献。

令人备感欣慰的是，可以相信，未来会有更多的有识之士如我们一样，从这套近百万字的丛书中获取有用的信息。

就此机会，谨向付出了艰辛劳动的全体编写人员致以崇高的敬意，向为丛书提供资料的各界人士表示衷心的感谢。

2019 年 12 月 9 日

序一

吴建英

吴建英
现任方正科技总裁、方正国际 CEO，曾主管方正国际轨道交通 AFC 系统业务

方正国际的轨道交通 AFC 系统业务从 2003 年前后开始起步，从无到有发展到今天，成长为公司的核心业务，在业内和国际市场也有着较大的影响力，承载了很多方正人的心血。可以说，这也是方正人践行“科技顶天、市场立地”王选精神的成果，更是方正人秉持“方方正正做人、实实在在做事”核心价值观的展现。

在竞争激烈的市场环境下，只有眼光长远，才能把握机遇，竞争未来。何谓长远？王选老师当年提出的“科技顶天、市场立地”，放到今天也丝毫没有落伍。方正国际作为一家技术型企业，唯有不断打磨核心技术，坚持创新发展，秉持市场导向，敢于布局，勇于争先，方能立于不败之地。轨道交通 AFC 系统业务正是如此。

“方方正正做人、实实在在做事”，这是我们方正人一以贯之的文化理念。放在我们方正国际，可以具体化为“正直、诚信、高效、有担当”，这是我们的核心价值观。方正三十余年发展，有赖于此；方正国际轨道交通 AFC 系统业务能有今日之成绩，同样如此。作为北大方正信息产业集团旗下的企业，我们的目标是立足“产学研用”发展模式，坚持自主创新之路，致力于成为极具影响力的 IT 服务的设计师、组织者和实践者。信念坚定，目标就不会遥不可及。

我之前也曾主管过方正国际的轨道交通 AFC 系统业务，见证了这个行业的起起伏伏，也看到了这个

行业正走在越来越好的路上。面对日新月异的市场环境，我们有时也需要回头看看来时的路，从中汲取经验，感悟心得，进而不忘初心，奋勇向前。诚如宋神宗以“鉴于往事，有资于治道”为《资治通鉴》命名那样，《方行正远：方正 AFC 发展纪实》就是这样一个样例。

这本书讲述了我们方正国际轨道交通 AFC 系统业务发展的风风雨雨，背后则是我们方正人坚持“科技顶天、市场立地”“方方正正做人、实实在在做事”的真实写照。“方行正远”，方正的“智慧出行”业务也正因此走在持续发展的道路上。

希望我国轨道交通 AFC 系统事业长青，也希望我们方正国际的智慧交通业务能够百尺竿头，更进一步。

2020 年 1 月

序二

连刚

连刚
研究员，现任方正国际副总裁，方正国际业务一技术专家委员会主席，从事轨道交通AFC行业近20年，参与我国轨道交通AFC系统国家标准编制。

“我们是闪电，用耀眼的光芒照亮城轨自动售检票系统开通迎接乘客的一瞬间；孕育能量的过程可能无人知晓它的艰难，而当雷声唤醒众人欢呼的时候，我们已经踏上新的征程。”这几乎是所有这个行业的建设者的状态，也是中国快速发展中各个信息化相关工程从业者的写照。《方行正远：方正AFC发展纪实》这本书让过往的那些历史在我的眼前一遍又一遍生动地重现，令人感慨万千。

赶上了一个好时候，从在中国科学院软件工程中心从事技术研发工作期间作为北京地铁13号线AFC系统车站系统和线路中心系统项目的总负责人，到2006年6月加盟北大方正参与奥运工程北京地铁5号线自动售检票系统建设，到参与北京地铁自动售检票设计和实施导则的编制，到参与多个城市自动售检票系统的建设和标准编写，到参与“中国地铁AFC系统创建先行者”之一陈凤敏女士组织的相关行业会议和国家相关验收标准的修订，再到参与互联网票务引入和相关团体标准的编写。在这个过程中，随北大方正一起，我以方正国际轨道交通技术负责人的身份，见证了国内轨道交通事业和AFC行业的发展，见证了轨道交通AFC行业的数次技术革新，更见证了方正国际轨道交通AFC系统业务的成长。在这一过程中，有兴奋、有艰辛、有迷茫，有奋斗、有缺憾、有成绩。断断续续，我记录了一些感受和思考，也尝试践行北大方正做事的企业理念，我们把这些内容融入《方行正远：方正AFC发展纪实》一书中，希望这本书能够给读者一点触动，能够引起大家的思考，并助力大家有所进步。

雄关漫道，迈步从头。方正国际从最初成立轨道交通 AFC 系统联合实验室，到现如今成为国内轨道交通 AFC 系统的领军集成商，这一路发展，硕果累累，但也跌宕起伏。作为一名技术出身的人员，我始终认为方正国际所研发的轨道交通 AFC 系统，之所以能够发展起来且拥有持续竞争力，不仅是因为制定了宏观的业务战略、拥有不断创新的研发能力，更是因为方正国际还拥有一个正确的价值观、一颗“公心”和一种“匠心精神”。

正确的价值观就是北大方正始终秉持“方方正正做人、实实在在做事”、“科技顶天、市场立地”和“持续创新”的理念，让更多优秀的科研成果，带来更多的社会效益；“大丈夫立身行事，须出以公心”，在实施一个项目的过程中，就更要存有“公心”，去想业主之所未想、急业主之所未急，“公心”为上、“公心”至上，学会换位思考；秉承“匠心精神”就是怀有深厚的爱业、敬业情怀，不断追求技术卓越，提升技术能力，时刻注重 AFC 系统的自主创新，精益求精地锻造核心竞争力，自我革命，永不止步。

我们有着一个稳定、团结、卓越和不断迭代发展的核心团队，这个团队从方正国际轨道交通 AFC 系统业务创建之日起就已存在，至今将近 20 年。他们每个人自始至终都一心一意恪尽职守，勤勉工作，全身心地投入到技术钻研之中。期间虽然也有一些人来人往，但这种“公心”“匠心”精神是“永流传”且传承保留下来的。

我很荣幸自己是一个方正人。想想那时候一起奋斗的老同志，刘军、赵文、戴笑涛、胡军、贾健、管宏、秦发、李海峰、陈宪旖、叶明玉、王波、张莉、隋丽莉、王照华、张平、帅国莹、张坤、张继延，看看后来加入一起奋斗的新伙伴，高伟、郭智敏、刘云江、章涛、孟昭云、郑龙、郑佳、何健、伍秀平、郭红甫等，还有历任主管这块业务的公司领导吴建英、邓伟等，他们身上都有着方正国际轨道交通 AFC 人的特质，勤勤恳恳、兢兢业业、任劳任怨、进无止境。方正国际今天所拥有的辉煌成绩，是大家共同奋斗的结晶，感谢你们！虽然其中有些人因为个人原因离开了方正国际这个大家庭，但是他们仍在轨道交通这个行业里持续发光发热，传递着“智慧交通”的精神，诠释着“方正之道”。

在这里，我要感谢最初进入这个行业时所遇到的人，正是有了他们无私的帮助，才让我深刻领会了地铁建设者、运营者对 AFC 系统殷切的期待和严格的要求。包括北京城铁的丁树奎、李鸿春、陈东兴，北京地铁运营公司的战明辉、潘晓军、陈卫平、刘卫平，北京一卡通公司的白洪波，和一些叫不出名字也无法一一罗列的朋友们。

我还要感谢日信公司，正是因为你们的选择，才会让我有了进入这个行业的机会，有了做一个为公众服务的系统的机会。我永远不会忘记，曾经连续几个月每天只睡三四个小时，就是为了完成你们提出的立即修正软件错误的要求，并由此受益匪浅。我也要感谢欧姆龙公司，正是在与你们的合作中，我更进一步认识了日本公司严谨、认真的工作态度，并掌握了质量控制体系的作用。

当然，也要特别感谢陈凤敏女士。您是我非常尊敬的一位 AFC 专家，没有您的“四处奔走”，轨道交通 AFC 行业就不会发展到今天这种盛况。

近年来技术发展日新月异，对轨道交通 AFC 行业也是一大考验，幸好我们提前做了一些布局，并开始释放一些效能，取得了一系列成果。

未来，方正国际还将在轨道交通行业持续努力，贡献力量。

2020 年 1 月

出版说明

为宣传数十年来我国轨道交通 AFC 行业里众多企业及从业人士在开创和实施 AFC 系统项目过程中刻苦钻研、潜心服务、敢于创新、勇于进取的精神，总结提升我国轨道交通 AFC 系统的专业技术水平和服务保障能力，充分发挥 AFC 系统在轨道交通中的“脸面”作用，推动我国轨道交通事业持续发展，特编写出版《中国轨道交通 AFC 行业里的追梦者》丛书。

“一家一传记，一人一故事。”丛书从业主、集成商、设备制造商、模块供应商、设计院及工程施工单位等多个视角，通过丰富的案例和故事，加上一些珍贵的历史资料，讲述了我国轨道交通 AFC 行业三十多年来虽历经艰难却不断前行的发展历程。

在当前“一带一路”倡议的大背景下，结合国家轨道交通“十三五”规划，通过丛书的介绍，可以使业内决策者和具体工作人员更进一步了解和熟悉轨道交通 AFC 系统的作用——AFC 系统也是轨道交通行业里唯一涉及运营收费的专业领域。

《方行正远：方正 AFC 发展纪实》是丛书成果之一。作为我国首家轨道交通 AFC 系统服务商之一，方正国际是北大方正集团旗下专业从事智慧城市业务的企业，轨道交通 AFC 系统业务是公司核心业务之一。

轨道交通 AFC 系统是一个技术推动的新兴行业。我国轨道交通 AFC 行业的发展也就是近 30 年的事情，严格来说，也就 20 余年历史。自 2002—2003 年间草创这块业务以来，方正国际几乎参与了我国轨道交通 AFC 行业的每一件发展大事，见证了我国轨道交通 AFC 行业的风风雨雨。方正国际轨道交通 AFC 系统业务的发展历程，也可以说是我国轨道交通 AFC 系统企业发展的一个缩影，更能借此一窥行业发展之动向和未来。

为尽可能展示方正国际乃至我国轨道交通 AFC 系统业务的发展历程，本书以时间为轴，以项目为中心，全面概括了近 20 年来方正国际轨道交通 AFC 系统业务及相关业务的发展。

书中还附有插图、图表等材料，也是应内容需求多方搜集而来的，这些也都是我国轨道交通 AFC 行业发展的见证。

前言

提到方正，一般人都会联想到北大。

的确，方正集团是北大校企，以 IT 产业的不断深耕和发展为基础，逐步形成了 IT、医疗、产业金融、产城融合等业务协同发展的产业格局，旗下拥有方正科技、方正控股、北大医药、北大资源、方正证券、中国高科等 6 家上市公司。方正国际正是众多方正集团旗下企业之一，主营业务为智慧城市行业市场，是方正 IT 产业的重要力量，轨道交通 AFC 系统作为智慧交通业务的一大分支，也是公司的核心业务之一。这本书讲述的就是方正国际的轨道交通 AFC 系统业务。

作为我国首家轨道交通 AFC 系统服务提供商，方正国际素来以“一颗公心”“行走江湖”。“方方正正做人、实实在在做事”是方正人的核心价值观，在方正国际轨道交通 AFC 系统业务的发展历程中也能看到这一点。本书取名“方行正远”也正是这个寓意：“方正出行（交通），行正而远。”行得正，走得远，是为方正交通人。

从筹备成立“轨道交通事业部”和联合研发实验室，成功中标并实施北京地铁 5 号线、阿联酋迪拜棕榈岛线 AFC 系统项目起步，方正国际立足“产学研用”模式，坚持自主创新，先后成功实施了北京、迪拜、西安、天津、沈阳、乌鲁木齐、郑州、澳门、河内、武汉、重庆、苏州、无锡、长沙、芜湖、绍兴、呼和浩特等国内外多个城市的轨道交通 AFC 系统项目，并敢为天下先，打造出多个业内第一，创造了一系列业内纪录，成为业界翘楚。方正国际还积极参与行业组织、标准编制、人才培养、行业活动等事务，特别是在人才培养方面，为北京地铁和我国轨道交通AFC行业贡献了一大批人才，堪称行业的“小黄埔”，很多成果始于方正，后广泛应用于全国，这些都是可以看到的成果。在近20年的发展历程中，方正国际轨道交通AFC系统业务虽间有浮沉，也曾彷徨，却始终不忘初心，矢志攻坚，以方正交通人特有的果敢和担当，努力推动我国轨道交通AFC行业健康持续发展，积极助力我国智慧交通事业稳步前行。

在多年发展的不断摸索和持续总结中，方正国际逐步形成了自身的轨道交通业务体系，即将清分清算中心（ACC系统）、多线路中心系统（MLC系统）、自动售检票系统（AFC系统）归纳为由核心业务（运营＋控制）、伴随业务（运营＋管理）、协同业务（维护＋管理）和增值业务（服务）组成的高效生产与管理系统，从而实现了从生产、管理到服务的全业务处理流程，以满足如今日益多样化的市场需求，为客户提供技术先进、功能完备的轨道交通ACC系统、MLC系统和AFC系统。2020年初，在呼和浩特地铁开通的AFC系统中，遵照最新相关建议标准及业主的意愿，方正成功将ACC、MLC构建在呼和浩特地铁统一的云平台之上，并用应急车站系统代替了常规车站系统，又一次走在了行业新技术应用的前列。

同时，方正国际用一个统一的架构体系和规范化的建设方法来实现差异需求，也能有效降低差异性功能带来的架构、系统稳定性、维护等问题出现的概率和风险。这些也为轨道交通AFC行业的发展带来了借鉴和价值。

如今方正国际轨道交通AFC系统业务从最初的北京，已经基本覆盖我国主要大中城市，如果算上智慧公交业务，涉及范围更广。在当前国家“一带一路”倡议的大背景下，从起步就实施迪拜等城市轨道交通AFC系统项目，后来又在澳门、河内等国际大都市实施项目的方正国际更具有“走出去”的先天优势，对推动我国轨道交通AFC系统业务走出国门有着重要的参考价值。

由“中国地铁AFC系统创建先行者”陈凤敏女士牵头的《城市轨道交通自动售检票系统工程质量验收规范》国家标准管理组编制的国标GB 50381—2006也在方正国际建设的河内轻轨线上获得执行，并形成了全越南文版本，堪称我国轨道交通AFC系统标准出口的一次重大成就，方正国际正是这个标准的主力参编单位之一。

本书是作为《中国轨道交通AFC行业里的追梦者》丛书中的一种而撰写的，以响应轨道交通AFC专委会“充分发挥AFC系统在轨道交通中之‘脸面’作用，推动我国轨道交通事业持续发展”的倡议。

陈凤敏女士对本书的写作给予了莫大的关心和鼓励，邓艳女士为本书的出版工作也倾注了大量心血，在此一并表示感谢。

本书在写作过程中，得到了方正国际很多领导的关心和支持。方正国际吴建英总裁为本书作序，方正国际副总裁邓伟、方正国际交通事业部总经理胡军等人百忙之中抽空参与访谈，并指导本书的写作。还有方正国际交通事业部的广大同仁，他们牺牲宝贵的业余时间或休息时间接受采访、提供资料、发掘线索、组织谋划，对本书贡献良多，没有他们，本书是很难成稿的。

由于书中较多笔墨从团队的角度阐述方正国际轨道交通AFC系统事业的发展，难免“厚此薄彼”，未能一一刻画出多彩的方正交通人的形象，实系憾事。且因时间仓促，加上著者水平有限，错漏之处在所难免，也请读者不吝指正。

目录

楔子
南湖一叶舟，志士共筹谋

时针拨回到2014年4月，“水面初平云脚低”的嘉兴南湖。

这一年堪称我国轨道交通AFC系统（Automatic Fare Collection System，即自动售检票系统）行业具有里程碑意义的一年，整个行业面临发展的重要关头。一批中国轨道交通AFC行业领域的企业创建者聚集在这里，他们即将做出的决定足以影响整个中国轨道交通AFC行业的发展大局。

一群人，或从北京，或从上海，或从杭州，或从南京，抑或从深圳等地，四方来聚，来到了嘉兴南湖的一条游船上。

“南湖一叶舟，志士共筹谋。”一场奠定当今轨道交通AFC产业发展走势的“南湖会议”就这样开始了。

会议是陈凤敏女士召集的。

被誉为“中国地铁AFC系统创建先行者”的陈凤敏女士，籍贯浙江温州，1965年毕业于同济大学无线电本科，是国内知名的轨道交通自动售检票系统专家，也是国内最先开始钻研轨道交通AFC系统的少数几个人之一，并因在轨道交通AFC系统项目的独特贡献获1993年上海市科学技术进步奖。陈凤敏女士担任我国轨道交通AFC工程质量验收规范国标管理组组长，也是中国信息产业商会自动收费系统专业委员会（即AFC专委会）名誉理事长。

“南湖会议”的召开有着与之相对应的市场大环境。说到这个轨道交通AFC系统的市场转折点，陈凤敏女士深有体会：“1988年，我当时申请立项研发轨道交通AFC系统，拥护者甚少，孤单的感觉陪伴而行”，甚至想要一个助手都因“搞国产化难有出国机会”而遭到婉拒，而到了“南湖会议”前后这个节点，随着 1999 年国务院办公厅转发《关于城市轨道交通设备国产化实施意见的通知》对轨道交通 AFC 系统国产化提出明确要求，加上赶上我国各大城市大修地铁的机会，轨道交通 AFC 系统厂家如雨后春笋般出现，仅上海一个城市就有华虹、华腾、华铭、邮通、怡力等 5 家厂商，北京有方正国际和中软公司，南京、广州、深圳、重庆、沈阳等地也有厂商自立山头，更让人意想不到的是诸如春兰、海尔等家电厂商也跃跃欲试，欲跻身其中。一时间，国内轨道交通 AFC 系统市场山头林立，鱼目混珠，技术因素在市场竞争中瞬间变得没那么重要，罔顾技术含量的最低价中标现象比比皆是。市场一下就乱了。长此以往，不仅无助于国内轨道交通 AFC 系统的持续性发展，甚至会大大挫伤那些真正立足研发积累、聚焦技术创新、推动轨道交通 AFC 系统国产化发展的企业的积极性。一旦低技术含量的“伪 AFC 系统”盛行，对行业本身将产生极大伤害，甚至危及轨道交通 AFC 系统这一行当存在的必要性。

正因深感国内轨道交通 AFC 系统市场的乱象对整个行业发展大为不利，陈凤敏女士认为很有必要举办一个由行业各大公司负责人参加的座谈会，形式可以不限但要开诚布公，议程可以不多但要务求务实，动静可以不大但要推心置腹。为此，陈凤敏女士借助她自己在行业的影响力，通过行业论坛、座谈交流等多种方式，力图促成这次会议。

也许是轨道交通 AFC 行业发展这么多年大多数公司因大打价格战仍在为盈利头疼的局面让诸位“大佬”心生疲倦，也许是轨道交通 AFC 行业发展确实需要一次大范围的面对面的交流，也许是业内人士也想坐下来一起探讨轨道交通 AFC 行业的未来发展，也许是陈凤敏女士在行业内的威望和魅力起到了关键作用。

总而言之，这场轨道交通 AFC 行业的大佬碰头会成功召开了。

首先组织起来的是轨道交通 AFC 系统集成商企业。轨道交通 AFC 行业虽小，却也细分成系统集成商、设备制造商、模块商、设计院等多个领域。方正国际、上海华虹、浙大网新、高新现代、南京熊猫、上海邮通、北京中软，但凡数得着名头的国内轨道交通 AFC 系统集成商企业大佬都来了。俗话说“不打不相识”，但当时轨道交通 AFC 系统市场的情况是，各大厂商同行在这次会议之前，甚至都互不相识、少有交集，可以想见此前的行业乱象也并不是无缘无故的。

南湖之上，烟雨楼下，坐在嘉兴特色的游船上，一干大佬兴致盎然。会议也正如陈凤敏女士期待的那样，没有虚与委蛇，只有干货满满，大家踊跃发言，积极讨论，很快，轨道交通 AFC 行业的“南湖宣言”诞生了！

这一宣言一个最重要的核心思想就是“行业自律”，即同

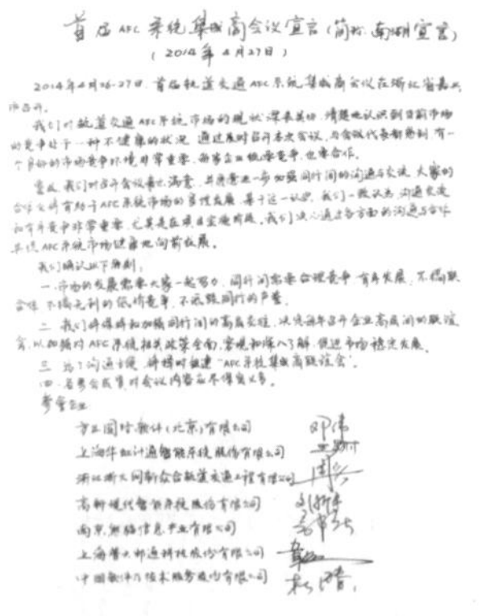

首届AFC系统集成商会议宣言（简称：南湖宣言）
（2014年4月27日）

参会企业：
方正国际软件（北京）有限公司
上海华虹计通智能系统股份有限公司
浙江浙大网新众合轨道交通工程有限公司
高新现代智能系统股份有限公司
南京熊猫信息产业有限公司
上海普天邮通科技股份有限公司
中国软件与技术服务股份有限公司

第一次“南湖宣言”及与会人士合影

行之间不得开展恶意低价竞争，不得以对业主不负责的态度冲业绩。宣言规范了中国轨道交通 AFC 系统市场的发展方向，有利于整个行业朝着基于技术发展的良性竞争发展。

为持续巩固行业伙伴间的关系，进一步规范行业市场秩序，会议还倡导成立了轨道交通 AFC 系统集成商联谊会，联谊会主席由各公司业务负责人按照公司首字母为序轮流担任。是机缘也好，说实力也罢，由于没有 A、B、C、D、E 开头的企业，F（方）打头的方正国际当仁不让成为轨道交通 AFC 行业联谊会首任轮值主席公司，刚接手方正国际轨道交通 AFC 系统业务没几个月、踌躇满志之余仍心存疑虑的邓伟（时任方正国际副总裁、智能交通事业部总经理）成为国内轨道交通 AFC 系统集成商联谊会主席，顿时油然产生“天将降大任于斯人也”的使命感。

或许不那么为外人了解的是，由于方正国际轨道交通 AFC 系统业务多年来业绩仿佛心电图一样“飘忽不定”，加之 AFC 行业当时的乱象丛生，战略投资职业背景出身的邓伟一开始多少是带着上头赋予出售事业部门的任务来的，说起来也是有点“尬”。

然而这种“尬”的局面并没有持续多久。如今看来，“南湖会议”之后方正国际的轨道交通 AFC 系统业务发展势头逐步向好，竟让这家同时布局公安、金融、交通、政务等智慧城市几大行业市场的“百年老店”在业内重新焕发青春，不仅成为行业发展势头最好的几家企业之一，还成为联络和维护轨道交通 AFC 行业关系的重要成员，不得不说是峰回路转。或许用“宝剑锋从磨砺出，梅花香自苦寒来”这句古诗来形容也不错。

作为北大方正集团旗下的一家 IT 企业，作为一家从 2003 年即开始布局轨道交通领域、也是国内最早进入轨道交通 AFC 系统的服务商之一，方正国际轨道交通 AFC 系统业务，到底经历了一个怎样的发展历程？

第 1 章
缘起：战略与合作

如果说方正国际在轨道交通 AFC 系统领域有什么秘诀的话，第一个应该是战略吧。

什么是 AFC[1]

1. 本部分主要参考邓先平、陈凤敏《我国城市轨道交通 AFC 系统的现状及发展》，《都市快轨交通》2005 年 6 月。

什么是轨道交通 AFC 系统？这是一个可大可小的话题。

开篇已注，AFC 系统是“Automatic Fare Collection System”的首字母缩写，意即自动售检票系统。轨道交通 AFC 系统即轨道交通自动售检票系统，它是基于计算机、通信、网络、自动控制等技术，实现轨道交通售票、检票、计费、收费、统计、清分、管理等全过程的自动化系统。

如今国内各大城市的“90 后”“00 后”也许没什么机会接触公共交通纸质票了，尤其是在这移动支付大行天下的时代，一天见不着现金也是常事。然而用现金购买纸质票乘车这个场景约摸还是可以想见的吧，买票、找零、拿票、检票、坐车、出站、检票，到最后的报销抑或是随手一扔，想想都觉得复杂、费事、费时，对了，别忘了在买票、检票等环节还可能面临人工服务带来的大长队。

而从地铁运营方也就是所谓的业主方来说，不仅每天都要准备大量的纸质票、零钱，还需配备工作技术含量不高的售票员和检票员，在当天运营时间结束后，还得安排人力负责零钱收集整理。整个流程下来，费时费力，物力和人力成本都很高，尤其是在公共交通本就不是以盈利为目的的行业背景下。

如果说从乘客和业主两方面来讲，人工 + 纸质售检票都是一件费力不讨好的事情，那么对管理者来说，还有更重要的一点，那就是在使用纸质票尤其是"一票全城跑"的时代，无法了解每个站点真实的人流量，涉及不同线路的利润也就不可能做到精准分账，后续的交通规划、人流管控以及配套设施建设等一系列问题都是无纸谈兵。

有个不算太离谱的比方，说信息化就是让人变得自己都想不到竟然可以这么懒。轨道交通 AFC 系统解决的就是这样一个问题，即把乘车所要面临的上述一系列冗长而繁琐的流程和成本通通砍掉，为乘客、业主和城市管理者三方带来便利。

目前所见较早的一篇关于轨道交通 AFC 系统的论述，是深圳市地铁办赵光初、申香梅于 1996 年底发表在《地铁与轻轨》上的《地铁自动售检票（AFC）系统的现状和展望》。文中说："地铁 AFC（Automatic Fare Collection）系统是由计算机集中控制的自动售票、自动检票以及自动收费的封闭式自动化系统。它的崛起和发展，使世界地铁设备的技术水平跃上一个新台阶。其售检票方式从传统的人工售票、检票，发展到计算机控制自动售票、检票机收费的自动化方式；其票价制式从传统的统一票价制及月、季票，发展到计程计时制及储值票方式，从而使地铁不仅可合理收费、减少逃票、为旅客带来方便，而且，可为地铁和公交系统每日的运行，生成客流量、维修和营业额收入等信息。”[2]

邓先平、陈凤敏在《我国城市轨道交通 AFC 系统的现状及发展》（2005 年）一文中则对 AFC 系统作了简明的概括：“在地铁大系统中，自动售检票系统（AFC 系统）以其高度的智能化设计，扮演着售票员、检票员、会计、统计、审计等角色，以数据收集和控制系统实现了票务管理的高度自动化。”[3] 文中还对国内轨道交通 AFC 系统的发展作了介绍：“十几年来，我国轨道交通 AFC 事业从无到有，从小到大，经历了启蒙、实践、调整三个阶段。”

第一个阶段是启蒙阶段，从20世纪80年代末至90年代中期。80 年代末，上海地铁凭借其在国外收集到的资料，艰难地开始了 AFC 系统和设备的研制；90 年代中期，我国城市轨道交通首个 AFC 系统供货合同签订。

第二个阶段是实践阶段，从 1998 年年底至 21 世纪初。这一阶段 AFC 系统在中国内地的城市轨道交通中投入使用，逐步展现出其良好的票务管理水平和高效的客流处理能力。

第三个阶段是调整阶段。在 AFC 系统逐步扩大应用的短短几年内，IC 卡技术在轨道交通 AFC 系统的应用由研究摸索迅速发展到大规模的实际应用。进入调整阶段后，IC 卡技术的应用使公交行业联营成为发展趋势，为广大乘客带来更大便利。

世纪之交，国内各大城市轨道交通建设掀起一阵热潮，启用 AFC 系统也逐渐成为主流。然而此时真正占主导的还是国外

2. 赵光初、申香梅《地铁自动售检票（AFC）系统的现状和展望》，《地铁与轻轨》1996 年 11 月。

3. 邓先平、陈凤敏《我国城市轨道交通 AFC 系统的现状及发展》，《都市快轨交通》2005 年 6 月。

公司，如美国摩托罗拉公司、美国 CUBIC 公司、日本欧姆龙株式会社、日本信号公司（简称日信公司）、韩国三星公司、法国 THALES 公司和瑞士 ASCOM 公司等，国内企业还没有能力独立参与竞争。

国内最初的轨道交通 AFC 系统出现在广州和上海：1999 年 2 月 16 日，广州地铁 1 号线开通试运营，AFC 系统同步投入使用；同年 3 月 1 日，上海地铁 1 号线投入使用 AFC 系统。两家 AFC 系统的提供商均是美国 CUBIC 公司（北京地铁最早使用轨道交通 AFC 系统已经是到了 2003 年 12 月 31 日，地铁 13 号线使用了北京市第一套单线 AFC 系统，当时的集成商是日信公司，国内京东方和中国科学院软件工程中心也曾参与，它们分别是一卡通和 AFC 系统中车站及线路中心系统的承建单位）。也正是在这一时期，国内一些企业开始涉足这一领域，通过国际合作、国产化等路径打入市场，方正国际、上海华虹等公司就是其中的代表。

随着国内厂商的参与逐步深入，国产化摆在了城市轨道交通 AFC 系统用户和系统集成商面前。毫无疑问，这是一个大课题。另一方面，随着形势发展，一些国外公司也开始通过与国内厂家联手的方式抢占市场，在这个过程中，AFC 领域的一些核心部件已经在逐步实现国产化。但轨道交通 AFC 系统不仅只是系统研发、按照业主需求编程序那么简单的事情，开发商必须具备丰富的票务管理经验，并将其融入程序设计中。

邓先平、陈凤敏在《我国城市轨道交通 AFC 系统的现状及发展》一文中就此指出："国内的 AFC 设备厂家和系统集成商应主动寻找合作机会，弥补系统开发能力不足的缺陷，使 AFC 系统国产化得以全面实现。建议国内这些厂家和系统集成商聘请国际上经验丰富的 AFC 系统设计专家，参与和指导软件设计，建立高效、实用、严谨、全面的程序库，逐步实现 AFC 系统软件的标准化。”

而方正国际在此之前也正是走了类似这样的一条路。

风靡一时的方正地铁广告

首先，来看一段广告词：

每天我都在这里，
向从不迟到的他说一声早安；
向刚刚踏上社会的她讲一句加油；
或是跟离别的他们道一句珍重。
这里只是大都市的平凡角落，
人来人往中我祝福所有的出发，
也迎接所有的到达。
我是谁？
你看不见我，
我是方正地铁售检票系统。

提起“方正”，稍有年头的 IT 人士都会自然不自然地联想到“方正电脑”，再资格老点的多半会想到北大、想到王选教授，而在营业点遍布三湘大地各个角落的湖南多半脱口而出“方正证券”，熟稔大宗商品交易的人士还会想起“方正物产”，另外还有“方正人寿”，等等，不一而足，由此方正的产业格局之大可见一斑。

上面的那段广告词曾经风靡一时，从 2010 年开始在中央电视台、一些地方卫视和主要的电影院播出，北京和上海的广播节目中也可以收听到它的多个版本。这是一则跟以往画风完全不一样的广告，也与外界对这家中国最高学府的校企的印象迥异，从侧面也反映出这家老资格校企正在进行的一场大变革。

彼时恰逢方正 IT 大转型时期，伴随着这则广告的声音传到大街小巷，方正自动售检票系统亲民、便捷而又带点温情的形

fig.1-1 方正地铁售检票系统广告

象呼之欲出——原来方正这家校企还做地铁售检票系统！

是的，方正还做地铁售检票系统。

不仅如此，方正还是国内最早涉足轨道交通自动售检票系统的企业。

要说明的一点是，这则广告并非孤品，而是属于一个系列，另外还有三个：医疗信息管理系统、跨媒体阅读解决方案和智能电路板，用方正 IT 人的俗话来说，叫“四支广告”。那些年，无论是在电视上、广播上，还是各种展会论坛上，但凡有方正 IT 的身影，这“四支广告”基本如影随形。

从另外一个角度来说，以地铁自动售检票系统为代表的这“四支广告”，代表着方正 IT 发展的一个承前启后的节点。往前，是风光无限好的激光照排和方正电脑，方正是国家高科技的代表，北大方正集团的奠基人王选老师曾荣获 2001 年度国家最高科学技术奖；往后，则是步入 IT 多元性发展时代，智慧城市、智能制造、行业信息化解决方案悄然崛起。往前，看得见摸得着，我们或能感知到它们的物理存在；往后，看不见摸不着，解释半天对方也许还是丈二和尚摸不着头脑。用今天政务服务很流行的一句宣传语说：“让信息多走路，让群众少跑腿”，或能解决这种朦胧的语句。从某种意义上来讲，这个节点，既是方正 IT 的一大转折，也代表着时代的变革。

北大方正信息产业集团正是在这个时候重新组合而成。在这个业务多元的 IT 产业集团里，传统的激光照排系统等印刷业务被划入方正电子公司（包括“四支广告”中的跨媒体阅读解决方案），已将方正电脑品牌转让给宏碁的方正科技，业务范围主要集中在数码硬件、智能家居板块，方正宽带公司着力宽带业务及其衍生产品，之后除了在珠海等地的产业，剩下的绝大多数业务都划给了一个新的公司：方正国际软件有限公司（简称“方正国际”）。而“四支广告”中的两则，即地铁自动售检票系统业务和医疗信息管理系统业务，作为方正国际大智慧城市业务的一个分支，分别划入方正国际的智能交通事业部和医疗卫生事业部，成为这两大事业部具有核心竞争力的拳头产品。

对于当时的情势和广告传播的策略，时任北大方正集团品牌管理部总经理魏亚欧女士在接受《广告主》采访时表示：“这两则（指地铁售检票系统和医疗信息管理系统——编者注）广告的推出是方正推广方正 IT 子品牌的战略步骤之一。今年（即 2010 年——编者注）北大方正集团将由 IT 子品牌开始，全力打造多品牌体系。作为北大方正集团旗下首个子品牌，方正 IT 将全面展示其涵盖 IT 服务、IT 制造和国家数字复合出版工程等产业方向亲和而又无处不在的综合 IT 服务商形象。”[4]

而在广告选择的产品上，为什么没有选择众人熟知的激光照排或者其他 B2C 产品，而是选择了不太为人所知的地铁售检票系统和医疗信息管理系统，魏亚欧解释道：“由于方正 IT 的核心技术大多应用在 B2B 领域，不被普通消费者所熟知，因而我们选取了消费者熟悉的场景，体现我们的技术。这两则广告其实不是产品广告，而是品牌广告。”[5]

从品牌发展战略上来看，方正地铁售检票系统和医疗信息管理系统这两款产品中都融入了方正的自有核心技术，蕴含着方正产品的高科技和高品质，因此在品牌广告中就能将“高科技”和“高品

4. 引自《方正集团温情广告背后的新品牌策略》，《市场观察》2010 年 6 月。

5. 引自《方正集团温情广告背后的新品牌策略》，《市场观察》2010 年 6 月。

质”这两个概念升华到方正 IT 新的品牌形象之中。最为关键的是，地铁售检票系统和医疗信息管理系统这两款产品与很多消费者的日常生活是紧密相关的，通过“你看不见我”的品牌诠释，不仅延续了方正稳重、踏实的品牌特点，还表达出方正产品默默无闻却又实实在在地在为消费者带来便利，让消费者感动的同时也进一步升华了温情亲切的方正品牌形象。这些不仅是对于这两款产品的传播推广大有裨益，也有助于当时方正大 IT 品牌的塑造。

方正国际的前世今生

在方正 IT 转型与品牌重塑的过程中，轨道交通 AFC 系统业务被划入方正国际。

事实上，方正国际这个公司名称早已有之。早在北大方正集团王选老师拓展东亚、东南亚等中华文化圈激光照排系统业务的时候，方正国际就成立了，一个在新加坡，一个在日本。2010 年前后的这次大整合后方正国际的首任总裁管祥红，其时也是日本方正业务的拓荒者和领路人，这也是多个版本说方正国际是从日本发展起来的缘由。如今回顾方正轨道交通 AFC 系统业务的发展历程，方正国际的日本元素起到了较大的推动作用，其间也离不开管祥红的推动。

管祥红也称得上一个传奇人物，他长于湖北农村，毕业于北京大学，东渡日本发展，机缘巧合成为一个方正人、执掌方正国际，业务重心又转回国内。从国内去日本，又从日本回国内，管祥红可谓经历了两次创业。在某种程度上离不开日本企业合作的方正国际轨道交通 AFC 系统业务，正是在这段时间逐步发展起来的。

前面已经提到，这个新的方正国际是由众多公司合并而成的。它整合了方正奥德（当时主要做 IT 系统集成，尤其是金融信息化领域）、方正众邦（北大医信的前身，我国首家 HIS 系统提供商）、日本方正（老方正国际，拓展日本印刷业务）、方正电子政务（主营电子政务业务），加上此前 2008 年并入方正奥德的方正蓝康（主营教育领域信息化业务），2011 年、2014 年又分别并购了山海经纬（公安领域 GIS 业务）、汉林信通（公安领域多生物识别业务）两个以公安业务为主的公司。

*fig.*1-2 方正国际大厦照片

粗略估计，方正国际整合了 7—8 家公司，就当时而言，是智慧城市行业的一个大航母，业界、管理层、投资方都对方正国际寄予厚望。

从构成上来看，这个新的方正国际一大特点是“强强联合”。新方正国际集聚了 B2B 市场的老牌企业。

方正奥德在金融信息化领域有着多年的业务积累，在银行业拥有全面的产品，包括银行核心业务系统、金融综合服务平台、影像管理平台、稽核监督系统、管理信息系统等，为银行、保险公司、证券公司及其他金融机构提供全面的应用解决方案和系统集成服务。

方正众邦前身是 20 世纪 90 年代中期成立的众邦慧智，这是我国首家医疗信息系统解决方案提供商，当时已成功研发了 HIS 医院信息系统、CIS 临床管理信息系统、NIS 临床护理信息系统、EMR 电子病历信息系统、RIS 放射信息系统、PACS 医学影像系统、医院经营管理系统、决策支持系统、健康体检系统、区域协同医疗、信息交换集成平台等核心系统，同时也是国内领先的数字化医院及区域卫生信息化解决方案提供商与服务商，为 100 余家大型三甲医院及众多医疗卫生机构提供了全方位的 IT 整体解决方案及服务。

日本方正、方正蓝康、方正电子政务则分别在海外排版印刷市场、教育信息化、政府信息化领域具有较高的知名度。

后来收购的山海经纬，以警用地理信息技术为核心，构建社区警务、应急指挥、情报分析等领域创新型的解决方案，为公安信息化建设提供业务咨询、标准规范制定、治安、警卫、人口软件开发、系统集成等综合信息化服务，占据了全国 PGIS（警用地理信息系统）80%以上的市场。

主营公安领域多生物识别业务（指纹、掌纹、刑侦信息化）的汉林信通公司，拥有北大新一代指掌纹核心技术独家永久使用权，研发出涵盖前端、中间层、后端多个系统全业务链条的一系列产品，如E采通、E查通、指纹采集系统、多生物特征综合比对认证系统、刑侦信息专业应用系统等，是我国指掌纹业务领域举足轻重的力量。

虽然有这么多业务，但从性质上看，上述业务都是致力于提供行业信息化系统集成和解决方案，轨道交通AFC系统及连带的智能交通等相关业务自然而然划入方正国际的业务体系内。

根据当初的定位，方正国际至少在2010年左右已经是一家为全球客户提供一流ITO、BPO服务的供应商。合并之后员工3000余人，高峰时期甚至达到4000余人。公司拥有4个软件研发基地和2个合作研究中心，在苏州、北京、武汉、东莞、江阴、东京、大阪建有多家分支机构，业务涉及公安、金融、医疗卫生、智能交通、电子票务、IT运维与服务、能源、出版、电子政务等领域，而这些，都是智慧城市大战略的组成部分。

由于拥有多个行业的解决方案，诸如智能交通、医疗卫生、公安等业务无一不关乎国计民生，是一个个长久的“事业”，外加彼时北大方正集团在IT金融、地产、医疗、物产等多产业布局的优势，新的方正国际志存高远，立志成为国内顶级的智慧城市综合解决方案提供商。

其中，在大的智能交通业务里面，除了轨道交通AFC系统业务，方正国际还拥有在华东地区占据市场优势的智慧公交业务，以及轨道交通ACC清分系统和公务车运营管理等相关业务，可谓覆盖了从地下（轨道交通）到地上（城市公交）的城市交通业务。

但从根上来说，方正国际的智慧交通业务，还是从轨道交通 AFC 系统发展起来的。

方正 AFC 系统之滥觞

早在 2002 年，在手机和电脑都还没有在大街小巷流行的年代，北大方正集团就筹备并组建完成了“轨道交通事业部”，布局轨道交通 AFC 系统市场。而在当时的国内轨道交通领域，鲜有使用 AFC 系统的，北京地铁更是还在使用纸质地铁票。所以，北大方正集团提前布局轨道交通 AFC 系统的这一举措，不得不说是高瞻远瞩。

然而，对于这种技术含量较高的行业，一个很现实的问题是，国内企业说要布局轨道交通 AFC 系统市场并不是说做就能做的。参考前面所述国内轨道交通 AFC 系统的发展历程，一开始显然离不开国际交流与合作。北大方正集团这次选择的是日本欧姆龙株式会社，其理由不外乎主客观两方面因素。

客观方面，是日本欧姆龙株式会社的强大实力做背书。

创建于 1933 年的日本欧姆龙株式会社是世界一流的传感与控制系统提供商，也是世界上首家提供商业化轨道交通 AFC 系统的公司。自 1967 年在日本大阪建立世界第一个无人车站系统之后，欧姆龙株式会社制造的自动检票机、自动售票机、自动补票机等一系列轨道交通 AFC 系统设备大量应用于亚洲城市轨道交通。2003 年，欧姆龙株式会社的轨道交通 AFC 设备占据了日本 40%的市场，在香港、台湾、马来西亚、新加坡等多个地区，更是占据了 80%甚至 100%的市场，堪称垄断。可以说，当时日本欧姆龙株式会社在轨道交通 AFC 系统设备的可靠性、适用性，以及在整体系统设计的完备性和可扩充性方面，均拥有世界一流水平。因此，不论是从技术研发层面还是经验积累层面，日本欧姆龙株式会社都是 AFC 系统领域的佼佼者，更有在亚洲市场推广的天然优势。

主观方面，是北大方正集团拓展日本市场的“近水楼台”。

在与日本欧姆龙株式会社的这次合作之前，北大方正集团对日本软件出口已有 7 年左右的历史，由管祥红负责的日本方正株式会社（即方正国际前身）已开始为日本大型出版集团提供系统整合业务。2003 年，北大方正集团对日本软件出口额已经突破 1 亿元大关，这份业绩的主要贡献者就是管祥红率领的方正国际。有了这个基础，加上方正国际的软件管理模式和对日本商业环境的了解，以及方正奥德在国内金融信息化领域积累的丰富行业经验，出于对轨道交通 AFC 系统业务在国内发展的看好，北大方正集团与日本欧姆龙株式会社在 AFC 系统等交通业务领域的合作才真的是水到渠成，而方正国际无疑是当时北大方正集团旗下最适合双方这一重要合作的平台和载体。

当然，这里面还有更为重要的一点，也是北大方正集团和日本欧姆龙株式会社合作双方都极为看重的一点，那就是出于对中国乃至世界各地庞大的轨道交通 AFC 系统市场的期待。

随着社会、经济和科技的发展，地铁和轻轨已被国内外很多大中型城市确定为优先大力发展的公共交通系统（根据当时北京市区轨道交通线网规划，2008年北京市轨道交通运营总里程将超过300公里，为奥运会提供一流的城市交通环境），而且世界各国的经济也证明轨道交通是解决城市交通拥堵的最有效手段。而随着城市轨道交通网络的逐步形成，AFC系统在提高轨道交通智能化管理水平与运行效率、方便乘客搭乘换乘方面的作用日趋重要。然而当时的国内企业几乎没有轨道交通AFC系统的开发经验，更谈不上工程实施经验，大多数城市轨道交通售检票要么采用人工纸质售票的形式（如北京地铁），要么采用国内外企业合作开发的适合的自动收费系统方式（如上海地铁、广州地铁）。在轨道交通启动运营时同步使用AFC系统逐步成为新建系统的标准做法。这些都意味着轨道交通AFC系统巨大的市场空间。

北大方正集团最早与日本欧姆龙株式会社达成合作，时间在轨道交通事业部成立之后。但在此之前，双方已经开始了接触和谈判，并达成了一定意向。在这个过程中，北大方正集团表现出了进军轨道交通AFC行业的雄心，日本欧姆龙株式会社也展示出了对进军中国轨道交通AFC行业这片蓝海市场的渴望。

赶上北京地铁线路改造和新线建设，从2002年下半年开始，北大方正集团与日本欧姆龙株式会社成立了联合项目组，着手准备参与北京已有地铁路线的改造和新建路线的AFC系统建设。联合项目组在充分吸收日本轨道交通AFC系统建设经验的基础上，根据北京轨道交通的市场特点设计了有针对性的解决方案。双方相信，通过本地化的生产、开发和服务，必将能提供技术先进、性能可靠、价格低廉的轨道交通AFC系统，为北京市城市轨道交通建设提供有效的帮助。

随着合作的逐步深入，北大方正集团和日本欧姆龙株式会社都觉得很有必要进一步强化双方的合作关系。于是在 2003 年 3 月，双方签订了一项排他性合作协议，核心内容就是轨道交通 AFC 系统。

这份排他性合作协议主要规定了如下内容：日本欧姆龙株式会社负责向北大方正集团提供轨道交通 AFC 系统的规划和技术指导，以及将在中国境内生产的日本欧姆龙轨道交通 AFC 系统设备的设计和质量监控；而北大方正集团则负责开发适合中国交通环境的轨道交通 AFC 系统软件，以及轨道交通 AFC 系统的集成、维护等工作。与此同时，北大方正集团与日本欧姆龙株式会社的轨道交通 AFC 系统联合实验室也正式启动，设立在北京中关村的方正大厦内。

这，就是方正国际轨道交通 AFC 系统业务发展的起点和渊源。

合作协议签订后，北大方正集团和日本欧姆龙株式会社交

fig.1-3 北京轨道交通建设管理有限公司领导到方正大厦方正 AFC 实验室参观，右起管祥红、张兆东、丁树奎、陈东兴、欧姆龙领导

流频繁，不仅成立了轨道交通 AFC 系统联合实验室，得到了北京市科委、北京大学和北京交通大学等多方支持，而且也已取得了一定的科研成果，受到业界的广泛关注。

时任方正国际副总裁也是当时分管该块业务的唐利军表示，为研制适合中国本土的轨道交通 AFC 系统，欧姆龙株式会社提供了很多技术指导和专业知识，以加速方正轨道交通 AFC 系统方案的成型。

也正是鉴于合作的深入，双方决定扩大合作范围。继上一个排他性合作协议签订一年半之后的 2004 年 9 月 14 日，北大方正集团与日本欧姆龙株式会社在北京又正式签署了一份长期战略性合作协议，同时宣布成立方正欧姆龙联合研发中心。

相对于此前的那份排他性协议，这次签约意义更为重大。根据双方约定，这个联合研发中心，将致力于包括智能化的道路交通控制系统和自动化的公共交通收费系统等公共系统业务领域内的轨道交通自动收费系统、安全系统、交通系统、结算系统、软件开发等业务领域的综合研究和开发。另外，双方的

fig.1-4 上海嘉定工厂测试照片

合作也将不仅仅局限于中国市场，而要向日本等亚洲市场拓展。由此可见，双方这次签约，在此前的轨道交通 AFC 系统业务合作的基础上，更往前迈了一大步，拓展至广阔的交通信息化领域。

成立联合研发中心这件事情后来曾被解读为方正国际轨道交通 AFC 系统发展的开始，虽然这不是整个事情的最开端。此后在 2007 年，方正国际还在上海嘉定建立工厂测试环境，集中了两个大站的设备进行模拟运行试验。

根据后来《计算机世界》的报道（2010 年），时任方正国际总裁管祥红在介绍方正国际“引进来、走出去”战略时，也对当初进入轨道交通 AFC 系统领域作了解读：

在有能力的地方要大胆地自主创新，没有能力的地方要吸收、消化、引进，然后在巨人的肩膀上去工作，这才是一种务实的态度。

比如，北京修建 13 号线地铁的时候，我们看准了非接触性 IC 卡的应用前景后，找到欧姆龙公司，成立 AFC（轨道交通自动售检票系统）联合实验室，成功研发出 AFC 的原理样机。随后，双方合作开发地铁 AFC 项目，先后中标北京地铁 5 号线、西安地铁 2 号线、天津地铁 2 号线，以及迪拜棕榈岛等 AFC 项目。这是方正国际“引进来”的典型案例。

不管怎么说，在轨道交通 AFC 系统进入国内之初，北大方正集团即着手尝试启动这项业务，并借自身先天优势与国际这一行业的大佬日本欧姆龙株式会社达成了战略合作，从此，开始了其在国内轨道交通 AFC 行业百舸争流的态势下奋勇争先的历史。

第 2 章
亮剑：北京与迪拜

北京地铁 AFC 系统的开端，是方正国际轨道交通 *AFC* 系统亮剑的开始，也是方正国际轨道交通 AFC 系统走向国际的起点。

古老而年轻的北京地铁

说起来，市场的发展也并没有那么快。

大本营位于北京中关村的方正，最初目标很自然地瞄准了北京地铁 AFC 系统市场。

北京不仅是我国最早建设地铁的城市，也是我国较早开始推行轨道交通 AFC 系统的城市之一。早在 1965 年 7 月 1 日，北京地铁一期工程就已开工，线路由北京站至公主坟站，也就是今天的北京地铁 1 号线的前身，周恩来、朱德等国家领导人都曾亲临现场，到 1971 年 1 月 15 日，这条线路正式开始试运营。但是直到 1981 年 9 月 15 日，在线路试运营 10 年之后，这条新中国第一条地铁才最终对外开放。北京地铁 2 号线，前身是从 1984 年 9 月开建的。从整体来看，北京地铁的迅速发展还是在申奥成功之后的这十几年。2001 年北京申奥成功后，计划在 2008 年奥运会开幕前投入 638 亿元建设地铁。毫无疑问，这是一个北京地铁快速发展的时代，也意味着一个巨大的市场。

与地铁线路发展对应的是地铁客运量的不断攀升。统计数据显示，1982 年北京地铁一期的年客运量达到了 7250 万人次。

二期工程建成后，1990 年全年北京地铁客运量 3.81 亿人次，每天客运量达到 100 万 +。随着地铁线路的不断新建和补充，到 1995 年，北京地铁年客运量达到了历史新高的 5.58 亿人次，此后几年一直保持着 4 亿 + 的数字。客运量的数字越大，对地铁运营承受力的要求也越高，随之而来的人工、纸质售检票工作也越来越繁重，也预示着轨道交通 AFC 系统的机会到来。

相对于北京地铁线路的发展，北京地铁 AFC 系统的演进也经历了一个较为漫长的过程。虽然自 20 世纪 80 年代中期（也是北京地铁客运量不断上涨的时期），北京地铁即开始研究 AFC 系统，但第一套 AFC 系统仍然姗姗来迟，跨过了千禧年，来到了 2003 年，是的，还是 2003 年的最后一天。这一天有没有下 2003 年的最后一场雪不得而知，但确确实实是一个值得纪念的日子。

2003 年 12 月 31 日，北京第一套轨道交通 AFC 系统在地铁 13 号线投入使用，这是国内第一套真正意义上带有自主研发性质并投入使用的轨道交通 AFC 系统。在这个 AFC 系统中，单程票使用小型纸质磁票，同时使用了今天大家熟知的北京一卡通车票，其中一卡通系统清算部分由京东方主要承接，13 号线 AFC 系统由日本信号株式会社（即日本日信公司）负责总集成，AFC 系统中车站系统、线路中心系统软件的开发由中科院软件中心负责承接，现任方正国际副总裁、业务—技术专家委员会主席连刚当时担任轨道交通 AFC 系统中车站系统和线路中心系统项目的总负责人。

*fig.*2-1 北京地铁小磁票、一卡通纪念车票

这是一套基于磁票的轨道交通 AFC 系

统。当时为了响应北京市政府关于推行“市政交通一卡通”的理念，这个系统在研发之初即设计了支持储值的功能。虽然这套轨道交通 AFC 系统创造了一个第一，但也有很多美中不足的地方，其中最显著的一点就是，它还只是一条单线的轨道交通 AFC 系统。也就是说这套轨道交通 AFC 系统仅能在北京地铁 13 号线上使用，别的地铁线路按《中国合伙人》里成东青的话来说，叫“它认识我，我不认识它”，通通不认。不过话说回来，即便这套轨道交通 AFC 系统“认识”其他线路，其他线路也没法与之“相认”，因为同时的北京地铁 1 号线、2 号线、八通线等其他线路，仍然是采取纸质售票的方式，这多少显得有点传统而落后。

在这个 AFC 系统实施过程中，北京地铁常年积累的运营管理经验得到了充分的体现，初期 AFC 系统五层架构、各层的功能、孤岛运行、AFC 系统中的模式定义、AFC 系统中应当出具的报表均是在那个时代基本确定的。当时，由北京地铁客运营销部、北京城轨建设公司、北京一卡通公司、日信公司、中科院软件中心、北京 VFJ 公司等单位经过上百次的会议和无数次的沟通形成了各种书面化的定义文稿。这些内容成为后来北京乃至国内很多地铁 AFC 系统建设的基本要求。

时光蹉跎，就到了 2005 年。当时的北京市政府提出轨道交通路网内一卡通行、无障碍换乘的构想，这就意味着需要一个强大的轨道交通 AFC 系统的支持。但这时候，轨道交通 AFC 系统仍在设计研发阶段。

于是又过了一年多。2006 年 5 月，北京地铁 1 号线、2 号线、八通线建立了一套简易的 IC 卡系统，作为日后路网 AFC 系统的一个过渡。

再到 2007 年 10 月，全路网通过简易 IC 卡系统实现了一卡通行、无障碍换乘。北京地铁 13 号线这一单线的轨道交通 AFC 系统就此成为历史。

而在 1999 年 2 月和 3 月，广州地铁和上海地铁已先后在美国 CUBIC 公司的协助下启用了轨道交通 AFC 系统，虽然期间经历了国产化和国外引进几多波折，纸质票和通票在这两个城市已逐步退出了历史舞台。于是有上海朋友 2007 年到北京旅游，多少有点惊讶地说道："北京坐地铁居然还是用纸质票的，有点意思。"

所以，虽然北京是我国第一个建设和运营地铁的城市，但在轨道交通售检票领域，21 世纪初的它甚至已经落后于广州和上海等南方城市了。

所以，无论纸质地铁票多么的不情愿，它不可避免地终将会成为历史。

所以，无论北京人民有多么的留恋和不舍，纸质地铁票诉说的终是一个即将逝去的岁月。

轨道交通 AFC 系统就这样一年一个脚步地走到了人们的面前。

初试啼声：北京地铁 5 号线开通

2008 年 6 月 8 日晚上，北京各大报社媒体守候在地铁西直门站的售票窗口，等待见证最后一张纸质地铁票的产生。这一张随机产生的纸质地铁票，转眼之间就将成为具有历史感的物品——因为第二天一早，北京纸质地铁票将因北京地铁全面启用 AFC 系统而宣告退出它存在了 38 年的历史舞台。毫无疑问，这是一个历史性的时刻，大小媒体都在抢着报道这一刻。

6 月 9 日一早，北京地铁 1 号线、2 号线、5 号线、10 号线、奥运支线（现 8 号线 1 期四个车站）、13 号线和八通线全面启用自动售检票系统，真正开启了“一卡通行、一票通行”的无障碍换乘。多数乘客持公交一卡通卡刷卡进站，没有公交一卡通卡的乘客则在车站购买单程票卡刷卡进站。据当时的报道，从 6 月 9 日早晨 5 时到 8 时这开通后的 3 个小时内，北京的地铁全网进出站达到 30 万人次，其中使用单程票卡 5.6 万人次。

此前北京地铁官方已经通过各种渠道广而告之，北京地铁运营公司在一个月内出动了 8 万多人次到地铁运营线路各个车站的售检票现场向市民介绍启用轨道交通 AFC 系统后的乘车指南，发放了《AFC 系统单程票 / 一卡通使用介绍》单页和《AFC

*fig.*2-2 北京地铁 5 号线

系统乘客服务手册》160 余万份，还四处张贴了各种宣传海报，在地铁站台上、地铁车厢内的移动电视设备上轮流播放《AFC 系统乘客使用指南》动漫宣传片和《AFC 系统乘客使用方法》，饶是如此，6 月 9 日这一天，北京地铁运营公司还是出动工作人员、志愿者共 3500 人引导乘客[6]，部分工作人员甚至为此喊破了嗓子。

6. 自中国政府网报道：http://www.gov.cn/jrzg/2008-06/09/content_1010426.htm。

在同时开通轨道交通 AFC 系统的北京地铁这几条线路中，有一条新线——北京地铁 5 号线，其轨道交通 AFC 系统正是方正国际实施的。

这条贯穿北京城南北的线路，北面担起了天通苑这片社区，南边穿过南三环的刘家窑，后到达今天的 5 号线、10 号线、亦庄线三线交汇处宋家庄，是当时北京地铁交通名副其实的南北大动脉。刘家窑站也成为了南郊入城的关键点，初始几天的客流就超过了规划设计的远期客流。

北京地铁 5 号线（以及 10 号线一期工程车）是当初北京申办奥运会方案中承诺推进的重点交通工程之一，因此也被称为“奥运线”，它也是首次贯通北京南北的地下交通大动脉。方正国际承接这条线路的轨道交通 AFC 系统项目，这还是北大方正集团涉足这块业务以来第一个真正意义上的轨道交通 AFC 系统项目，因此，无论是从政治层面还是战略层面，以及 AFC 系统业务格局层面，都可谓意义重大。

为什么选中了北大方正集团，选中了方正国际来做北京地铁 5 号线的 AFC 系统？

前面提到，在那个年代，国内的轨道交通 AFC 系统市场基本是国外公司主导，同时也出现了中外合作的联合体。国内最早实施的广州和上海的轨道交通AFC系统，都是美国CUBIC公司主导的；北京地铁最早的轨道交通AFC系统，集成商是日本日信公司，国内参与的是京东方和中国科学院软件工程中心。从整体上来看，国内尚未形成真正意义上的轨道交通AFC系统企业。方正国际从2003年开始与日本欧姆龙株式会社合作，正是从北京最早的轨道交通AFC系统建设那里看到了商机。经过两年时间的磨砺，此时的方正国际—欧姆龙株式会社联合实验室已经取得了显著的成果，具备了承担一条地铁线路AFC系统项目的能力。

这里面，自然还有北大方正集团的校企性质。由于是新兴业务，同时轨道交通建设也受到上级领导的高度重视，北大方正集团上下对此都不敢怠慢，重视程度可以想象。

此外，北大方正集团轨道交通AFC系统在性价比方面也比较具有优势，最关键的是，方正人的做事态度和专业精神也感染到了业主。据连刚现在回忆，北京地铁5号线AFC系统招标的时候，方正国际所做的标书就非常专业和细致，对AFC系统有完整、全面、细致的全功能论述。十多年后，当年参与评标的陈凤敏老师说，在那个年代这么细致完整的标书不多见。

对了，中标的时间是2005年。

是年6月24日，北京市轨道交通建设管理有限公司、方正国际、日本欧姆龙株式会社三方携手举办了“北京地铁5号线地铁自动售检票系统工程合同签字仪式”，三方领导齐聚一堂，场面甚是隆重。

不得不承认的是，北京地铁5号线AFC系统是一个国际领先的具有巨大挑战性的项目。挑战主要体现在下述三个方面。

一是，当时北京地铁整体运营及管理体制正处于一个改革

fig.2-3 北京地铁 5 号线地铁自动售检票系统工程合同签字仪式

完善阶段中，加上北京地铁 5 号线 AFC 系统较地铁项目建设相对滞后，这给轨道交通 AFC 系统需求带来较大的不确定性。

二是，北京地铁 5 号线的换乘站数量、换乘形式、换乘条件复杂多样，分别与北京地铁 1 号线、2 号线、10 号线、13 号线相交，所需要考虑的情况无疑增多了，大大提高了轨道交通 AFC 系统的复杂性。

三是，整个项目给轨道交通 AFC 系统的开放性及灵活性提出了很高的要求。

这对初出茅庐的方正国际来说，无疑是一个巨大的挑战。但从另外一个角度来看，如果能顺利完成这个项目，方正国际在轨道交通 AFC 系统的地位将就此奠定，进而成长为国内该领域的王牌企业之一，未来值得期待。

“方方正正做人、实实在在做事”是自北大方正集团技术决策者、奠基人王选老师以降方正人秉持的核心价值观，把项目当做一个事业来做，这也是方正国际轨道交通 AFC 系统团队人员的初衷。对方正国际而言，这不仅仅是他们实施的第一个轨道交通线路那么简单，而是在项目过程中，方正国际人秉持的一个“公心”态度，不在乎一城一地之得失，更注重国产轨道交通 AFC 系统的自主创新，同时协助业主共同建立、完善运营体系，构建行业标准体系。这也让他们在后来收获更多。

中标北京地铁 5 号线 AFC 系统项目后，方正国际与日本欧姆龙株式会社共同组建了一个专门的项目团队。从此，直到 2008 年北京地铁 5 号线正式开通，一共 3 年半多的时间，方正国际联合项目团队全身心扑在了这个项目上，中间经历了北京市轨道交通票务标准的变化等诸多曲折，不断改造、完善、升级，最终成功实现了在 2008 年 6 月 9 日这一天上线运行。

开通首日，方正国际联合项目团队研制的轨道交通 AFC 系统成功承受了日客流 52 万人次的冲击，体现了极强的系统能力。目前，北京地铁 5 号线单日客流在百万人次左右，更涉及多个转乘站点，是名副其实的北京地铁交通南北大动脉，方正国际的这套轨道交通 AFC 系统同样应对自如。

在北京市轨道交通建设管理公司李彦彬的文章《从北京地铁 5 号线 AFC 系统工程项目管理看对集成商的有效管理》[7] 中，重点提及对集成商方正国际的管理：用户需求书的编制、联络设计的澄清、设备规格书的审核、样机的检验、出厂检验、单机测试、工厂测试、系统联调等。在国内轨道交通 AFC 系统标准尚未出台的情况下，北京地铁 5 号线 AFC 系统的实施多少有点边实施边总结的味道。而一条完完整整的地铁线路完全建成，土建和装修工程的建设工期多少都会有不同程度的延后，这就给最后进场的轨道交通 AFC 系统安装调试如期完工带来时间上的交付

7. 李彦彬《从北京地铁 5 号线 AFC 系统工程项目管理看对集成商的有效管理》，《工程管理》2009 年第 4 期。

压力。为此，方正国际结合业主方的需求，提前搭建轨道交通AFC系统模拟平台进行了多次预调，如此不仅可以缩短系统上线调试的时间，还可以尽早发现问题和解决问题，最大程度保障北京地铁5号线的如期开通。

北京地铁5号线AFC系统项目是一个里程碑。北京地铁5号线为北京奥运会的举办增加了一条横贯古都北京南北的交通大动脉，尽管轨道交通AFC系统只是整体项目中的一小部分，但正是这一小部分，确保了奥运会外围交通的畅通无阻和良好体验。

北京地铁5号线AFC系统项目是一个里程碑。北京地铁5号线是从无轨道交通AFC系统标准起步，需面对配合新标准实施、工期的压缩等考验。多年后回头再看我国轨道交通AFC系统发展的历史，以及北京地铁AFC系统一系列标准规范，很多人都不会忘记这条线路。而这也是方正国际轨道交通AFC系统真正的价值之一，它为北京地铁的长远发展及独立性奠定了一个坚实的基础。

北京地铁5号线AFC系统项目是一个里程碑。这一项目让方正国际正式登上了轨道交通AFC行业的大舞台，从此国内轨道交通AFC系统业务领域有了方正国际的名字。虽然，很多人可能直至听到、看到那则“你看不见我，我是方正地铁售检票系统”的广告才豁然知晓这一消息。

双线作战：迪拜棕榈岛线“装壕”

方正 AFC 系统成功服务了首都南北交通大动脉——地铁 5 号线，保障了它在奥运会期间稳定运行，丰富了自身 AFC 系统的专业经验，也得到了客户的充分认可，更是由此夯实了与日本欧姆龙株式会社的合作基础。

因此，当欧姆龙获得以奢侈和追求高品质著称的中东阿联酋迪拜棕榈岛地铁的招标时，顺利使得方正国际轨道交通技术首次走出国门，踏入国际高端市场，从此开启了方正国际轨道交通 AFC 系统的海外拓展之路。

阿联酋迪拜棕榈岛地铁是中东地区的第一条地铁颇具土豪特质，全程一共 4 站（这或许是世界上设站最少的轨道交通线路之一了），即起点站 Gateway，中间站 Trump Tower、Palm Mall，以及终点站 Atlantis Aquaventure，15 分钟一班。方正国际在此项目中，负责“阿联酋迪拜地铁售检票系统”软件分包工程，具体包括 1 个线路中心、1 个培训中心、1 个培训维修中心、4 个车站的售检票系统，全套配套设备及应用软件系统，以及迪拜 AFC 系统相关标准的制定和主机、网络的设计实施。因受日本欧姆龙株式会社的一定影响，什么都要用最顶级的，这也从侧面映证了方正国际的技术实力和品牌价值。

另外一个体现其中东奢侈特质的地方是，迪拜棕榈岛地铁是久美拉集团自己投资建设、自己维护运营的一条观光轻轨，它不属于迪拜地铁系统。因此，虽然棕榈岛线与迪拜地铁一样都是无人驾驶的轻轨，但它独自使用一套售检票系统。单独为一条线路设计安装一套轨道交通AFC系统，多多少少有点“装壕”了，以至于网上有驴友吐槽：“对于无车族，轻轨往往意味着经济便捷，既省时又省钱，可这棕榈岛独享轻轨似乎恰恰相反，如果你盘算着能省下几个打车钱而坐轻轨去亚特兰蒂斯酒店，那么你就苦不堪言了。”不得不说的是，网友有多吐槽迪拜棕榈岛地铁的不人性，网上有多体现迪拜棕榈岛地铁的“壕”，就有多彰显这条地铁线路各方面供应商的过人之处。

迪拜棕榈岛地铁最终顺利开通，方正国际实施的轨道交通AFC系统运行稳定，得到了迪拜方面的高度评价。迪拜棕榈岛线AFC系统项目的成功，不仅意味着方正国际轨道交通AFC系统得到国际认可，更重要的是它标志着我国自主轨道交通信息化技术首次走出国门，实现创汇，进入轨道交通AFC系统的国际高端领域。这个意义，不是装壕能装出来的，特别是在当前国家“一带一路”倡议的大背景下，无疑很具有现实意义。

谈及迪拜棕榈岛地铁项目，当时北大方正集团的相关领导表示：“方正国际在国内轨道交通AFC领域的实力是能够拿下

fig.2-4 迪拜棕榈岛地铁

该项目的关键，毫无疑问服务北京地铁 5 号线 AFC 系统的经验也是能够得到客户认可的重要因素。”

回首当年，拿到迪拜棕榈岛地铁 AFC 系统项目的方正国际，同时还在做北京地铁 5 号线 AFC 系统，双线作战，中外两条高端线路都断不能有所失，这种情势的背后是一个个无名英雄。

陈宪旖如今是方正国际交通事业部的测试总监，负责公司轨道交通 AFC 系统项目的测试工作。从 2007 年大学毕业进入方正国际后，陈宪旖即开始从事轨道交通 AFC 系统工作，至今已经十年有余。她也是方正国际最早的那一批“双线作战”的老员工之一，可谓见证了方正国际轨道交通 AFC 系统的成长。

回想起那段岁月，陈宪旖至今仍是百感交集。当时测试工作主要在日本进行，鉴于方正国际与日本欧姆龙株式会社合作的大背景，这也是可以理解的。在日本开展测试工作，其他的都还好，最大的问题还是语言。到别人那学习、合作，必然要沟通交流，语言不通怎么行。在没有翻译的情况下，陈宪旖只好自修日语，结果自学成才，让自己额外多了一门语言技能。这也不禁让人想起 20 世纪 80 年代以陈凤敏女士为代表的上海地铁团队前往新加坡学习轨道交通 AFC 系统的曲折经历。行业的起步是如此艰难，凭借一种坚持的信念和团队的相互扶持，陈宪旖和伙伴们坚持了下来。

现在方正国际交通事业部担任技术总监的叶明玉，也是最先入伙的那帮人之一。谈及迪拜棕榈岛地铁 AFC 系统项目，他认为对方正国际而言最大的收获是“适应了欧姆龙的标准”，进而逐步完善，形成自己的一套研发体系标准，接着到后来北京地铁亦庄线 AFC 系统项目时形成自己的第一套工作站框架体系，再到西安地铁 2 号线、郑州地铁 1 号线和郑州地铁 2 号线的时候形成自己的工作站标准，这一步步走来，水滴石穿。而起点，就是在日本双线作战搞研发的那段时间。

那时候一起奋斗的老同志还有赵文、贾健、管宏、李海峰、王波等人，他们之中依然留在公司的如今都已成为方正国际交通事业部的股肱重臣和部门脊梁。即便是离开了方正国际的张莉、隋丽莉、王照华、帅国莹、张坤、张继延等人，也都在北京地铁路网检测中心、京港地铁等有关部门单位及其他相关岗位上成长为技术骨干。不要说方正国际的轨道交通 AFC 系统事业的成长离不开他们，北京地铁 AFC 系统能有今天的发展，也离不开他们的付出与贡献。方正之育人，可见一斑。

方正独特的 AASF 应用框架

北京地铁 5 号线和迪拜棕榈岛线 AFC 系统项目的成功，证明了北大方正集团与日本欧姆龙株式会社的合作是持续而富有成效的。而从理论到实验再到实战的成功，也初步证明了方正国际轨道交通 AFC 系统的领先与可靠。

在自 2003 年以来的 5 年多时间里，方正国际与日本欧姆龙株式会社从技术研发到项目实施等多方面不断加强合作。方正国际充分利用北大方正集团优秀的计算机软件系统集成能力与日本欧姆龙株式会社一流的自动控制技术，成功研制出一整套适合国情、功能完善、灵活扩充、使用方便、安全可靠的轨道交通 AFC 系统。

方正国际的这套轨道交通 AFC 系统是有其鲜明特点的。系统构建在方正国际独特的 AASF 应用服务框架（AFC Application Server Frameworks）上，构架开放稳定，有着很强的可扩展性，技术先进。

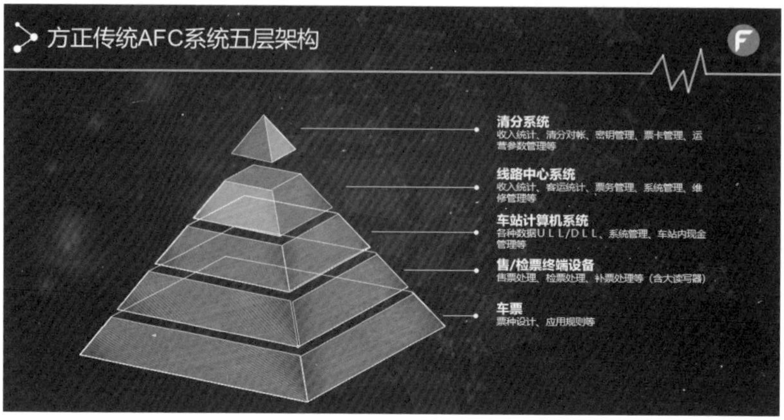

fig.2-5 方正国际轨道交通 AFC 系统架构图

具体而言，方正国际 AFC 系统由五层架构组成，即清分中心、线路系统、车站系统、车站设备、流通票卡，如上图所示。

这里提到的方正国际 AASF 框架，是方正国际在长期开发基础之上逐步构建的，项目主力、如今交通事业部技术总监管宏是其中重要的贡献者，如今他也是方正国际智慧交通事业部的骨干之一。

方正国际 AASF 框架不仅功能完备，而且技术先进，是方正国际快速响应需求，实现敏捷开发、部署轨道交通 AFC 系统的基础。具体来说，这个框架具有四大特点：

一是方正国际 AASF 框架构建开放稳定，可针对系统功能的本地化进行快速开发，同时保证整个系统结构和功能稳定。

二是方正国际 AASF 框架具有很强的可扩展性。框架提供了流程定义和规则定义引擎，轻松应对 AFC 所面临的业务规则、活动的变更，比如票卡管理流程、票价规则改变。同时，框架提供数据标记语言 BML（Business Marked Language），构成系统描述和应用部署配置的结构化文件，支持系统扩展，如设备和车站的扩展。

三是方正国际 AASF 框架具有很强的通用性，方正终端设备软件也基于AASF框架开发，使上下位系统系统功能驳接顺畅。

四是方正国际 AASF 框架基于统一框架的应用系统，可以实现软件设计的敏捷开发和部署，节省大量人力、物力和财力。

此外，在双线作战过程中，方正国际轨道交通 AFC 系统业务团队还参与了北京地铁 AFC 系统设计和实施导则（即北京地铁 AFC 系统地方标准的前身）的制定。这一方面说明了方正国际在轨道交通 AFC 系统技术方面的领先性、开放性，另一方面可从中看出方正国际一直本着对地铁业主方长期运营发展的负责态度，真正具有一种“家国情怀”，方正国际 AASF 框架的特色也显得自然而然。

经过了北京地铁 5 号线和阿联酋迪拜棕榈岛线两大项目的考验，方正国际这套富有自身特色的轨道交通 AFC 系统逐步成熟。后续又历经北京、西安、天津、沈阳等多条轨道交通线路，方正国际在轨道交通 AFC 系统设计、制造、实施方面，均有了十分丰富的经验。与此同时，方正国际轨道交通 AFC 系统还借势走出了国门，在行业内率先进入国际高端市场，在成为阿联酋迪拜地铁 AFC 核心软件系统提供商之后，又连续中标日本 PIA 全球票务系统总承包商和日本大东京圈交通一卡通系统开发商等项目，并成为印尼雅加达、土耳其伊斯坦布尔轨道交通 AFC 系统的咨询服务提供商。

至此，方正国际已成为国内专业的轨道交通AFC系统集成商，而迈到这一步最关键的起点，无疑是方正国际在北京地铁 5 号线 AFC 系统项目以及随后的迪拜棕榈岛线 AFC 系统项目的成功。

第 3 章
效应：丰收与挺进

方正国际在北京地铁 5 号线和迪拜棕榈岛线 AFC 系统项目的成功，带来了一波连带效应，项目“纷至沓来”。

北京地铁 5 号线的“南延”

在北京地铁 5 号线这儿挖到一桶“奥运金”——也是方正国际在轨道交通 AFC 系统领域的第一桶金，再加上迪拜棕榈岛线 AFC 系统项目的加成之后，方正国际轨道交通 AFC 系统打响了自己的品牌，很快迎来了一波中标高峰期。

仅 2009 年一年，方正国际就先后拿下了北京地铁亦庄线、西安地铁 2 号线、天津地铁 2 号线、沈阳地铁 2 号线等 4 条线路的轨道交通 AFC 系统项目。其中，北京地铁亦庄线、西安地铁 2 号线的合同签订时间是在 2009 年，西安地铁 2 号线项目除了 AFC 系统还包括小清分系统任务，而天津地铁 2 号线和沈阳地铁 2 号线的合同签订时间是在 2010 年。即便放到现在或者放在前几年“千帆竞发”低价竞标的年代，这也是一个令人咋舌的业绩。方正国际轨道交通 AFC 系统业务迎来了属于它的第一个辉煌时期。

先说北京地铁亦庄线。

从功能上来讲，北京地铁亦庄线是一条典型的交通引导发展类型线路。亦庄最早只是北京城东南郊区的“村庄”，20 世纪 90 年代初，亦庄逐步启动开发区建设，到 1994 年 8 月 25 日，亦庄经济技术开发区被国务院批准为国家级经济技术开发区，这也是北京市唯一的一个国家级经济技术开发区。2005 年，《北京市城市总体规划（2004—2020 年）》首次将亦庄定性为北京市未来重点发展的三个新城之一，明确要致力于将亦庄建设成为辐射和带动京津城镇走廊产业发展的高新技术产业中心。

一个新的经济技术开发区的发展，交通先行是非常有必要的。所以在规划中，亦庄经济技术开发区与北京市主城区的交通接驳无疑也是优先考虑的。事实也是如此，北京地铁亦庄线最终的线路安排是，北接北京地铁 5 号线南端的宋家庄站（与北京地铁南北大动脉同站换乘），东至亦庄的次渠站（终点站其实是仍在建设中的亦庄火车站，与火车站无缝对接），全程 23.3 公里。从形状上看，北京亦庄线就像在北京城的东南角画了 3 个连续的 V 字，V 字从小到大，几乎贯穿了亦庄经济技术开发区的所有重要地点，真正意义上体现了交通引导发展。

2007 年 12 月 8 日，北京地铁亦庄线正式进场开工。作为后道的轨道交通 AFC 系统，实施时间则要到 2009 年 8 月，此后一直持续到北京地铁亦庄线于 2010 年 12 月底开通。

对方正国际最为有利的方面是，北京地铁亦庄线与北京地铁 5 号线无缝接驳，宋家庄站既是北京地铁 5 号线的起讫点，也是北京地铁亦庄线的起讫点。同时，这条线路是由北京市地铁运营有限公司一分公司负责运营的，也即北京地铁 5 号线的运营方，宾主双方在北京地铁 5 号线修建期间建立起的良好协作关系和达到的默契程度，无疑为这条新线路的 AFC 系统顺利实施打下了良好的基础，而这也是北京地铁亦庄线 AFC 系统项目在招标过程中重点考虑的几个因素之一。

方正国际负责的北京地铁亦庄线 AFC 系统项目工程，包括一个线路中心、一个培训中心、一个维修中心、14 座车站（其中地下车站 6 座、高架车站 8 座）。全线采用非接触式 IC 卡 AFC 系统，系统主要包括票务中心系统、维修中心系统、培训中心系统、SC、自动售票机、半自动售票机、自动检票机、自动查询机、便携式检票机、车票、网络设备、电源 / 配电设备及其他附属设备 / 设施等。系统建成后，将实现轨道交通 AFC 清算管理中心、线路中心、车站等三级管理，满足网络化运营的要求，实现城市交通一卡通和轨道交通一票通的封闭式票务管理，并以计程制为基本票制，以计时制为辅助票制。

基于北京市轨道交通 AFC 系统设计导则，方正国际项目团队在北京地铁亦庄线 AFC 系统中继承了北京地铁 5 号线和迪拜棕榈岛线的系统架构，遵照北京市轨道交通 AFC 关联的地方标准《轨道交通联网收费系统技术要求》进行了系统性能的优化升级，使得这套系统拥有了更完整的功能，更贴近用户和运营需求。

基于北京市轨道交通 AFC 系统设计导则，方正国际项目团

fig.3-1 北京地铁亦庄线

队在北京地铁亦庄线 AFC 系统中继承了北京地铁 5 号线和迪拜棕榈岛线的系统架构，遵照北京市轨道交通 AFC 关联的地方标准《轨道交通联网收费系统技术要求》进行了系统性能的优化升级，使得这套系统拥有了更完整的功能，更贴近用户和运营需求。

从行业发展的角度讲，北京地铁亦庄线 AFC 系统也有着重要的意义。首先，北京地铁亦庄线 AFC 系统是北京市首条接入 MLC（Multi-line Center，多线路中心）的轨道交通 AFC 系统，这为后来北京市线路接入多线路中心系统提供了非常宝贵的实践经验和生动案例。这里所谓的多线路中心，是指轨道交通 AFC 系统在构建时，需配置一个 LC（Line Center，线路中心）负责监控内部设备，集中管理系统运营、票务、财务和维修等情况，而随着城市轨道交通线路的增多，从资源共享、管理集约、信息安全、流程清晰等多个角度出发，可以将多个分散的线路中心整合建设成一个多线路中心。万事开头难，正因有了可依赖的标准、北京轨道交通路网检测中心得力领导、方正国际积极配合，形成了北京亦庄线 AFC 系统接入多线路中心的成功经验，北京地铁多线路中心后续的实施才相对顺利。这是其一。

其次，北京地铁亦庄线还实现了 TVM（Ticket Vending Machine，自动售票机）、BOM（Booking Office Machine，半自动售票机）、AGM（Automatic Gate Machine，自动检票机）设备软硬件的全部国产化，放在国内地铁建设中也是一个小小的里程碑，这是方正国际和其他厂商共同努力的成果。

对方正国际自身来说，北京地铁亦庄线 AFC 系统项目让方正国际实现了进一步成长，无论是在技术、测试、实施还是团队方面都是如此。相对于北京地铁 5 号线 AFC 系统终端设备由日本欧姆龙株式会社制造，北京地铁亦庄线 AFC 系统的相关设备整机实现了由方正国际自己联合浪潮集团设计、制造，这其中方正国际聘请日本欧姆龙株式会社作为设备制造的质量监督，从技术和业务角度为方正国际项目团队提供了专业的咨询服务。方正国际自主设计开发的这套 AFC 系统设备软件，也顺利通过了精益求精的日本欧姆龙株式会社专家的检验，并得到了北京亦庄线业主的肯定。同时，在这个过程中，欧姆龙由最初根本不相信方正国际能够在一年内独立完成设备软件的开发，到最终认可方正国际的整体系统成果及质量，也为后来欧姆龙作为澳门项目的集成商，选择方正国际来全套供应澳门轻轨 AFC 系统及设备软件埋下了深深的伏笔。

2010 年底，北京地铁亦庄线正式开通。线路将亦庄经济技术开发区与北京主城区紧紧地连接到一起，有力地推进了亦庄经济技术开发区的招商和发展，让开发区当时数十万（到今天可能已经远远不止这个数字）企业员工和社区居民进城更为便捷，尤其是在最初几年 2 元通票跑全城的年代，真正让亦庄这个北京东南角的村庄成为古老而拥挤的北京城在外扩道路上一个重要的发展极。

古城西安的交通焕发青春

几乎与北京地铁亦庄线 AFC 系统项目实施同时，方正国际还在负责西安地铁 2 号线的 AFC 系统项目。

西安地铁 2 号线是方正国际在北京城以外第一个突破的国内城市地铁线路，同时，这条线路也是古都西安运营的首条地铁线路。事后来看，方正国际负责的地铁线路要么在世界上、要么在行业内、要么在区域里、要么在城市中，都具有里程碑的意义，同时还都具有一定程度的挑战性。

作为历经汉唐盛世的十三朝古都，西安地铁 2 号线自然也会体现只有中国古都才有的韵味。南起长安区的韦曲南站，北至未央区的北客站，全程 26.8 公里，设有 21 座地下车站，贯穿了南北中轴线上的未央路、首原、北大街、钟楼、小寨、西安电视塔、韦曲等大部分商圈，是名副其实的古都南北交通大动脉。

西安地铁 2 号线分成了两个阶段实施。一期工程主线全长约 20.5 公里，设有 17 座地下车站，于 2006 年 9 月正式开工建设，到 2011 年 9 月通车，历时 5 年整；南延伸段全长约 6.3 公里，设有 4 座地下车站，于 2010 年 4 月开工建设，到 2014 年 6 月通车，历时 4 年有余。

方正国际与西安地铁公司于 2009 年 6 月签署合同（《“西安地铁 2 号线 AFC 系统及小清分系统”项目采购合同》），工程包括 1 个线路中心、1 个培训中心、1 个培训维修中心、21 个车站的售检票系统及设备，包括 419 个进出站闸机设备、239 台自动售票机设备、50 台人工售票机设备及相关的全套配套设备及应用软件系统。具体负责的线路 AFC 系统安装和调试从 2010 年 6 月开始，到 2011 年 9 月，西安地铁 2 号线 AFC 系统和小清分系统正式开通运营。

fig.3-2 管宏（左）和连刚（右）在西安 2 号线行政中心站施工现场

也许是地铁建设开通都正好赶上了诸如某个重大节日之

类的时间节点，也许是地铁公司业主觉得唯有这种重要的时间节点带来的巨大人流量方可考验整个地铁运营的水平，又或许这种重要的时间节点容易给各方一种时间上的紧迫感从而让地铁的开通运营更容易纪念，再或许这纯粹就是一种偶然——就像北京地铁 5 号线的开通赶上了北京奥运会开幕和举办一样，西安地铁 2 号线一期工程的开通就撞上了一年一度的国庆十一黄金周（后面还会遇到类似的事情）。

遇到这种重要时间节点带来的比平时高出数倍的人流量，对一条新地铁的运营来说，既是一种考验，也是一种博弈，而这其中，轨道交通 AFC 系统无疑是最大的考验之一。

2011 年的这个国庆节，西安地铁 2 号线创造了 55 万人次 / 日的客流量——回想北京地铁 5 号线开通首日的客流量 52 万人次，西安地铁 2 号线释放出来的乘客热情是惊人的，而整个古都西安的交通都洋溢着这种热情。与北京地铁 5 号线开通不相上下的不仅仅是日客流量，方正国际实施的轨道交通 AFC 系统也一如既往地稳定运行，古都西安的交通焕发着青春。

稳定，也许这个词看起来“其貌不扬”，但就是“稳”而“定”。在轨道交通这个稳定就是一切的领域，稳定就是对项目质量最

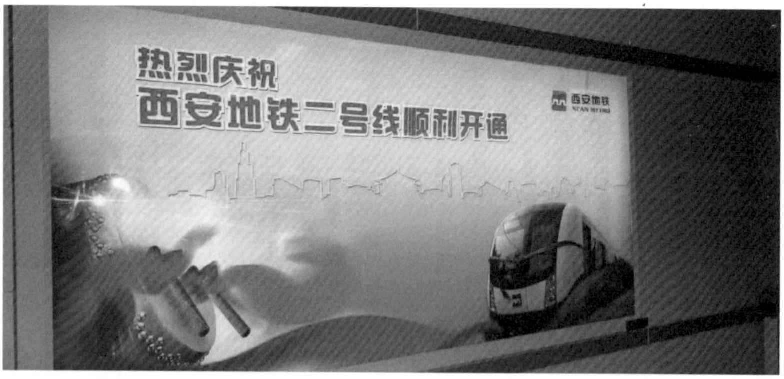

fig.3-3 西安地铁 2 号线顺利通车

大的认可，而背后，则是多少个工程师日夜守候的多少个日日夜夜。要知道，当时方正国际同时还负责北京地铁亦庄线 AFC 系统项目的相关工作，有的工程师经常是北京、西安两头跑，八千里路云和月，与时间赛跑，与距离竞逐。

方正国际在西安地铁 2 号线实施的不仅仅是轨道交通 AFC 系统，还包括另一部分任务，即小清分系统。这部分工作是在 2013 年 9 月完成的，方正小清分系统成功接纳 1 号线 AFC 系统，从而实现西安轨道交通网络化运营。从这个角度上来说，西安也是方正国际轨道交通业务的重要城市，除了在轨道交通 AFC 系统领域，方正国际逐步在 ACC 系统（即清分系统）领域崭露头角，即是从西安地铁 2 号线开始的，其意义不言自明。

西安地铁 2 号线正式开通、西安世博园开园，古老的城市、传统的文化与现代的技术与文明交相辉映，当时还是方正国际交通事业部技术总监的连刚欣喜有感，赋诗一首：

秋风送雨沐长安，鲜花迎宾艺博园。
城墙雁塔述传统，地铁穿梭展新颜。
文化传承起秦汉，西部崛起科技先。
穿越历史感未来，里程丰碑有今天。

拓展外围的阵地

北京地铁亦庄线和西安地铁 2 号线的轨道交通 AFC 系统项目尚未最终完成，方正国际又分别与天津、沈阳地铁主管部门签订了项目合同，负责天津地铁 2 号线、沈阳地铁 2 号线的轨道交通 AFC 系统实施。

如果说西安地铁 2 号线是方正国际轨道交通 AFC 系统业务迈出京外扩张的第一步，那么天津地铁 2 号线和沈阳地铁 2 号线则多少具有拱卫北京市场的战略意义。后面再看方正国际轨道交通 AFC 系统业务的扩张之路，不管是不是步步为营，单从结果来看，有着完美的战略发展属性。

北京是方正国际轨道交通 AFC 系统业务最为看重的一个市场，在拿下北京地铁 5 号线和北京地铁亦庄线之后，方正国际也算有了一块小小的根据地。

但是星星之火如何燎原？尤其是如何拓展北京市场的外围，充分发挥北京核心圈辐射的效力，是方正国际高层必须进一步去筹谋的。环顾北京周边环渤海地区，除了北京，大概也就天津、沈阳、大连、石家庄等城市可供拓展。

这其中，石家庄的地铁建设相对滞后，地铁的运营基本上是近两年的事情，在十年前尚处于纸上谈兵的阶段，还谈不上市场介入。

另外几个城市就不一样了。

作为我国四个直辖市之一，天津市早在 1984 年即开通了第一条地铁，2004 年和 2006 年又先后开通了地铁 9 号线和地铁 1 号线。随着轨道交通行业的发展，轨道交通 AFC 系统建设也逐步提上日程，市场前景较为看好。

作为辽宁省省会的沈阳市，2005 年 8 月 6 日，《沈阳市快速轨道交通建设规划》获得国务院批准。在这个规划中，沈阳将在 2005—2012 年，先期建设沈阳地铁 1 号线、沈阳地铁 2 号线一期工程，即两条线路的中间段，形成十字形轨道交通骨架，建设里程 40.85 公里。在随后的一年间，沈阳地铁 1 号线、2 号线先后开工建设，轨道交通 AFC 系统可谓培育正当时。

最后就是大连。大连是我国较早拥有地铁线路的城市之一，这时候也逐步开始启动轨道交通 AFC 系统建设。

文化圈在业务市场开拓中的影响也是显而易见的存在。有了北京地铁两条线路打底，加上一条全世界最奢侈的轨道交通线路案例，方正国际轨道交通 AFC 系统业务想要打开在国内起步没多久的行业市场，多少有点水到渠成的意思。一番斡旋，几次周折，在拿下北京地铁亦庄线、西安地铁 2 号线这两条线路之后，在当时管理团队的努力下，方正国际又拿到了沈阳地铁 2 号线、天津地铁 2 号线的轨道交通 AFC 系统项目。

沈阳地铁 2 号线是沈阳市城市轨道交通系统中的第二条线路，也是继沈阳地铁 1 号线之后我国东北地区载客运营的第二条地下铁道。由于线路主体部分与沈阳的城市金廊走向基本一致，纵贯沈阳的沈北、于洪、皇姑、沈河、和平、浑南六大市辖区，串起了沈阳市最具发展潜力的黄金地段，因此沈阳地铁 2 号线也被响亮地称为“金廊线”。同时，沈阳地铁 2 号线北起蒲田路站、南至全运路站，也是连接沈阳第十二届全运会（2013 年 8 月 31 日至 2013 年 9 月 12 日在沈阳举办）主会场的公共交通干道，因此也被称为“全运线”。根据规划，沈阳地铁 2 号线线路全长接近 32 公里，全部为地下线路，设有车站 26 座、停车场 1 座，于 2006 年 11 月 18 日开始建设。

方正国际负责的沈阳地铁 2 号线 AFC 系统项目，包括 1 个线路中心、1 个培训中心、1 个维修中心、26 个车站的售检票系统及设备，包括 442 个进出站闸机设备、181 台自动售票机设备、107 台人工售票机设备，以及相关的全套配套设备、应用软件系统及售后服务。

感谢信

沈阳新松机器人自动化股份有限公司、方正国际软件（北京）有限公司、东软集团（大连）有限公司：

2013 年 8 月 31 日至 9 月 12 日，中华人民共和国第十二届运动会在沈城隆重召开。贵公司全面参与了沈阳地铁自动售检票系统的设备保障工作，为提供安全、可靠、准时、舒适的运营服务做出了突出贡献。“24 小时待命，2 小时响应”的郑重承诺体现了贵公司对沈阳地铁的一片诚心；20 天的紧密合作，再现了我们运营初期携手前行的珍贵回忆；20 天的执着坚守，体现了我们荣辱与共、同甘共苦的永恒理念。

值此全运会圆满闭幕之际，由衷感谢贵公司在全运会期间给予沈阳地铁的支持与付出！同时也感谢贵公司一直以来对沈阳地铁建设和运营工作的大力支持。

特发此函，以表感谢！

沈阳地铁集团有限公司

2013 年 10 月 11 日

fig.3-4 沈阳地铁感谢信

在这个项目中，方正国际负责的轨道交通 AFC 系统与沈阳地铁另一大系统 ACC 系统同步建设，并同步开通，完美实现了与既有线路的互联互通。同时，在建设期间，方正国际还积极参与了沈阳地铁 ACC 系统 /AFC 系统的技术标准编制，包容既有开通线路（1 号线）的业务功能和技术规格。

最终，沈阳地铁 2 号线于 2011 年 12 月 30 日开通运营，方正国际不辱使命。

后来，在第十二届沈阳全运会期间，受沈阳地铁业主方委托，方正国际智能交通事业部全面参与了沈阳地铁 2 号线 AFC 系统的设备保障工作，努力践行“24 小时待命，2 小时响应”的机制，为提供安全、可靠、准时、舒适的运营服务做出了突出贡献。为此，在第十二届沈阳全运会顺利闭幕后，方正国际也收到了来自全运会和沈阳地铁集团有限公司发来的感谢信，对方高度赞赏和由衷感谢了方正国际在全运会期间保障沈阳地铁顺利运行的默默支持与付出。

可以说，第十二届沈阳全运会的圆满成功，离不开方正国际在背后默默无闻的坚持与付出，而这也是方正国际继成功保障 2008 北京奥运地铁 5 号线正常运转后，服务大型运动会期间交通运营的又一经典案例。

方正国际在天津地铁的案例是天津地铁 2 号线 AFC 系统项目。这是天津市快速轨道交通网中的一条东西骨干线，也是天津轨道交通的重要组成部分。

天津地铁2号线西起西青区曹庄、东至东丽区天津滨海国际机场，全线共设车站19座，其中地下站18座、地面站1座，方正国际负责的天津地铁2号线AFC系统项目，主要任务包括AFC系统设备及相关的全套配套设备、应用软件系统及售后服务。

在2010年6月方正国际与天津地铁公司签署《“天津地铁2号线AFC系统”项目采购合同》之前，天津地铁另一条线路1号线已经开通运营了一段时间。与沈阳地铁2号线AFC系统项目相同的是，天津地铁2号线AFC系统也是与天津地铁ACC系统同步建设、同步开通的。有了之前的基础，加上在西安地铁实施的经验，对方正国际轨道交通AFC系统项目团队来说相对容易那么一点点。值得一提的是，天津地铁2号线与天津地铁3号线同步建设，但先于3号线开通，这也为线路AFC系统一次性成功接入ACC系统提供了实践经验和方案。

天津地铁2号线最终于2012年7月1日开通试运营，方正国际的轨道交通AFC系统也从北京来到了天津。

在先后实施北京地铁5号线、北京地铁亦庄线、阿联酋迪拜棕榈岛线、西安地铁2号线、天津地铁2号线、沈阳地铁2号线等多条线路的AFC系统项目之后，方正国际在轨道交通AFC系统领域已成为一个不可小觑的力量。无论是在技术方面，还是在案例方面，方正国际都拥有了说话的底气。

面对方正国际轨道交通AFC系统在国际和国内市场上的骄人成绩，时任方正国际总裁管祥红表达了公司轨道交通AFC系统业务发展的愿景：“方正国际不但要做国内轨道交通AFC系统领域的专家，而且要成为中国高科技企业的一面旗帜，成功插到发达国家市场。”

话音未落，遥远的天边传来了两个喜讯！

第 4 章
起伏：成绩与波折

有乌鲁木齐的热情与效率，也有澳门的隆重与高端，还有市场的乱局与纷争，以及方正国际的彷徨与转折。

忽如春风来，也度玉门关

北风卷地白草折，胡天八月即飞雪。
忽如一夜春风来，千树万树梨花开。

这是唐代边塞诗人岑参的代表作，形象地描述了天山脚下八月飞雪的壮丽景色。

北京地铁 5 号线 AFC 系统的顺利实施，打响了方正国际在轨道交通 AFC 系统领域的第一枪，其他城市轨道交通部门慕名而来，前文提到 2009 年中标的那 4 条线路，包括迪拜棕榈岛线均是如此。

时间到了 2011 年，远在祖国大西北天山脚下的新疆乌鲁木齐快速公交（BRT，Bus Rapid Transit）业主单位也慕名而来。乌鲁木齐 BRT 业主方的这次“登门到访”，诚意满满，却也不经意间与方正国际一起创造了轨道交通 AFC 系统领域交付时间的一个小小纪录。

一条 BRT 线路的建设，需要投入大量资金。如果交付周期缩短，让线路尽早投入使用，不仅能有效降低投资的时间成本，由此带来巨大的经济效益和社会效益也是显而易见的。

在 21 世纪初期，我国一条轨道交通 AFC 系统从开始招标到最后交付一般需要 2—3 年时间，当时乌鲁木齐 BRT 业主方却计划在三个月左右的时间完成建设和交付，可想而知，项目难度极大。为此，他们前期走访了多家轨道交通 AFC 系统建设单位和企业，都被婉拒，没有一家敢于承担这一工程。

只有方正国际，还在设想这种可能。

在与方正国际进行交流时，根据乌鲁木齐 BRT 业主方介绍的情况，当时方正国际交通事业部总经理刘军提出，如果采取多项组合措施，存在三个月内完成项目的可能。会后，当时方正国际交通事业部的技术团队负责人连刚、赵文等人进而对具体的操作方案进行了充分细致的研究，最终确认了工程技术方面的可操作性。

基于认真、全面、缜密的分析和推演，方正国际最终得出了可行性结论，对乌鲁木齐 BRT 业主方表态愿意迎难而上，为其分忧解难。尽管从理论上进行了详细论证，但实操完全是另外一回事，从 2—3 年的交付时间压缩到 3 个月，是原来交付时间的 1/8 甚至 1/12，项目实际上是存在一定风险的。

“不入虎穴，焉得虎子”，有道是风险与机遇并存。方正国际轨道交通 AFC 系统项目团队在深入乌鲁木齐调研后，进一步坚定了自己的判断，最终的结果也证明了方正国际轨道交通 AFC 系统项目团队的正确。

从工程组织规划，到指导施工团队进行 AFC 系统安装、跟

fig.4-1 乌鲁木齐 BRT 项目

进隐蔽工程的实施、进行现场多方面协调，再到取得当地政府的支持，并组织协调设备供应商，保证终端设备能够按时顺利运抵现场。尤其当时因受大陆性干旱气候的影响，乌鲁木齐阴雨交加，大家临时将车站破旧的修车库变为现场调试的办公场所。这一切的一切，运筹帷幄的项目经理胡军所带领的项目团队，表现出的临危不变、临机应变的高超能力，充分保障了乌鲁木齐 BRT 的交付，更是方正国际提前交付的重要前提。

从 2011 年 6 月初开始，到 2011 年 8 月 28 日开通试运行，方正国际轨道交通 AFC 系统项目团队仅用时两个多月，这也创造了全国轨道交通 AFC 系统试运行开通时间最短的纪录。这一记录不仅让乌鲁木齐 BRT 业主单位喜出望外，也进一步印证了方正国际在轨道交通 AFC 系统领域的综合实力，不仅仅是研发、测试、交付等具体工作，团队的力量也得到彰显。

尽管如此，方正国际轨道交通 AFC 系统项目团队也没有把功劳全部揽在自己身上。提到这件事情，他们非常谦逊，轻描淡写，反而对业主方在组织协调等方面的保障给予了大力褒扬和点赞。

“之所以能够实现敏捷交付，一方面是乌鲁木齐当地政府对快速公交这种民生工程非常重视，从工程组织规划，到电力供应、道路铺设、通讯接入等方面，都为乌鲁木齐 BRT 的建设提供了非常非常大的支持，这是乌鲁木齐 BRT 能快速开通最重要的基础。方正国际能顺利实施 AFC 系统，也得益于这种强大的政府支持，比如我们的运输车辆，在整个项目施工期间就有当地交通管理部门颁发的特别通行证，使我们的大型设备能够比较顺利地运抵现场。”当然，政府主管部门的给力支持是项目顺利实施的重要基础。

“另一方面，也因为方正国际轨道交通 AFC 系统是基于一个成熟的轨道交通 AFC 系统通用框架，从而保证了产品在快速开发下的可靠性和先进性。与此同时，方正国际作为一家一流的轨道交通 AFC 系统供应商，还拥有一批成熟而稳定的上下游合作伙伴。这些合作伙伴都拥有很强的实力，不仅生产管理严格，而且产品质量过硬，这也很大程度上保障了方正国际的交付能力。”不居功自傲，不沾沾自喜，不得意忘形，“方方正正做人、实实在在做事”的方正核心价值观在这一刻也再次得到了体现。

在乌鲁木齐 BRT AFC 系统项目中，方正国际的研发实力是一方面，公司在经历了北京地铁 5 号线 AFC 系统以及随后的北京地铁亦庄线、西安地铁 2 号线、天津地铁 2 号线、沈阳地铁 2 号线等几个项目的锤炼后，积攒起来的行业经验和管理制度也已经成为方正国际轨道交通 AFC 系统业务的一大制胜法宝。这主要体现在以下三个方面：

其一，作为业内最成熟的软件供应商之一，方正国际深厚的软件开发底层架构能够应对不同的客户需求，做到快速反应。

其二，当时的方正国际已获得 CMMI L4 认证证书（2013 年 3 月方正国际已成功将该项资质升级至顶级的 CMMI L5）及 ISO9000 质量体系认证，良好的制度保证了项目运作的流畅。

其三，方正国际交通事业部拥有成熟的项目实施团队、丰富的项目管理经验，无论从组织协调供应商、物流，还是从专业接口如土建、电力等方面都能做到快速反应。

其四，方正国际在一开始就协助业主快速完善了地方一卡通相关技术标准，确保了后续的工作能够基于书面化的标准文件进行。

以上这些也正是前面提到方正国际从北京地铁 5 号线 AFC 系统项目以来秉持的“公心”态度所带来的正能量，这些正能量“与生俱来”，久而久之也会成为一个企业的特质，进而在无形中成为一个企业宝贵的财富。

也正是因为在乌鲁木齐 BRT 一期工程中的优异表现，方正国际在随后不久又赢得了乌鲁木齐 BRT 二期工程（即乌鲁木齐 BRT 2 号线）的相关业务项目，以及后续的乌鲁木齐 BRT 5 号线、7 号线、4 号线 AFC 系统项目和乌鲁木齐 BRT 清分系统项目，体现了乌鲁木齐 BRT 业主单位对方正国际的高度信任。

方正国际轨道交通 AFC 系统的品牌效应在乌鲁木齐得到了一次淋漓尽致的展现，让国际一流水平的轨道交通 AFC 系统的春风也飞度玉门关，飞到天山脚下。

孔雀东南飞，飞到澳门港

方正国际轨道交通 AFC 系统业务有着浓厚的国际色彩，这也让它成为行业里率先走出大陆，进军港澳地区和在国外拓展市场的企业。

在完成北京地铁 5 号线、迪拜棕榈岛线 AFC 系统之后，方正国际轨道交通 AFC 系统业务的重心似乎放在中国大陆市场，相继在北京、西安、天津、沈阳、乌鲁木齐等地中标，但大陆之外的市场一直未曾离开过方正国际高层的关注目光。终于到了 2012 年，方正国际等来了国际大都市澳门轻轨 AFC 系统项目，通过这个项目，方正国际自身将在能力上实现一个里程碑式的升级。

2012 年，方正国际与日本欧姆龙株式会社联手竞得澳门轨道交通项目。此次澳门轨道交通项目规划的主线工程长达 21 公里，往来于澳门关闸和北安码头之间，计划在 2015 年建成通车，轨道将全程采用智能化一卡通收费系统。这个项目的重大意义在于，建成后将极大改善澳门城区的交通环境，也将大大方便澳门市民前往广州、深圳等珠三角城市。这个项目对方正国际的重大意义在于，这是方正国际继迪拜棕榈岛线之后又一个服务国际化大都市轨道交通的案例，具有承前启后的作用。

为庆祝这一历史性的时刻，2012 年 7 月，方正国际在其苏州工业园区总部与日本欧姆龙株式会社举行了签约仪式。

7 月的苏州，炎热而潮湿。

签约仪式放在苏州工业园区独墅湖东南月亮湾之畔的福朋喜来登酒店，也许正寓意着“有朋自远方来不亦乐乎”——为后来方正国际打入苏州轨道交通 AFC 系统市场埋下了伏笔，虽然这个伏笔埋的时间略略长了那么一点。此处暂且不表。

阳光下的月亮湾，显出些许宁静。出席仪式的主要领导和嘉宾显然也是咖位十足，有时任苏州市副市长浦荣皋、时任日本欧姆龙社会解决方案事业株式会社社长近藤喜一郎、时任北大方正集团总裁张兆东、时任方正国际总裁管祥红、时任苏州工业园区管委会副主任李亦农等人，与会的还有苏州市政府及苏州工业园区管委会的其他领导、轨道交通同行和银行金融界的嘉宾和朋友。

佳朋满座，宾至如归。

时任方正国际智能交通事业部总经理刘军主持了这场签约仪式，管祥红总裁在签约仪式上踌躇满志，他表示："世界各国经济的发展已经证明轨道交通是解决城市交通拥堵的最有效

*fig.*4-2 方正国际与欧姆龙澳门轨道交通项目签约仪式

*fig.*4-3 澳门轻轨项目测试现场

手段，自动售检票系统在提高轨道交通智能化管理水平与运行效率、方便承客搭乘换乘方面的作用日趋重要，方正国际将致力于轨道交通的长期投入与建设，为城市智能交通建设作出自己的贡献。”

此时的方正国际，已顺利实施了北京地铁 5 号线、迪拜棕榈岛线、北京地铁亦庄线、西安地铁 2 号线、沈阳地铁 2 号线，天津地铁 2 号线正在进行时，积累了丰富的行业经验。在与日本欧姆龙株式会社的长期合作中，方正国际不断学习、提升与创新，逐步实现了对从生产制造、软件管理到培训等全套工作的全面掌控。

借此澳门轨道交通项目，方正国际将成功转变为一个独立承担软硬件部分的集成商，实现了公司在轨道交通 AFC 系统业务角色的全面升级。同时，一贯持续以国际标准严格把关的方正国际，独立完成国际化项目的能力也将得到显著增强，这些都在后来的国际项目中得到一一印证。

fig.4-4 印在台历上的方正 *AFC*

市场起纷争，五里一徘徊

乌鲁木齐 BRT 和澳门轻轨是方正国际的两大收获，但 2012 年前后却是我国轨道交通 AFC 行业的节点之一。

往前看，是轨道交通建设蹒跚起步、AFC 系统从无到有；往后看，则是轨道交通建设如火如荼、AFC 系统前景可期。在这中间的阶段，伴随着资本逐利的属性，国内轨道交通 AFC 系统厂商如雨后春笋般“野蛮生长”，仅上海一个城市就有华虹、华腾、华铭、邮通、怡力等五家企业代表，南京熊猫、北京中软、广州新科、深圳现代、重庆金美、沈阳新松等企业在全国各地群雄逐鹿，更有一些家电企业如春兰、海尔也“尾随而至”，意图分一杯羹。

为了争夺市场，一场没有硝烟的战争在全国各大城市轨道交通 AFC 行业弥漫，低价竞标、关系竞争、弱化技术成为当时的常态，有些企业甚至罔顾自己尚无核心技术便大言不惭表示有能力承担轨道交通 AFC 系统项目，这给国内轨道交通 AFC 行业带来了非常不利的影响。

最直接的伤害就是以技术起家的传统企业。

遥想 1999 年开通运营的上海轨道交通 1 号线、2 号线，当时选用的是美国 CUBIC 公司的产品，总共耗资 2800 万美元，分摊下来每个车站在轨道交通 AFC 系统上要花费 1000 万元人民币，何况当时功能简单。而在 2012—2014 年那段时间，有的地方中标价低到平均每个车站的费用仅为 350 万元，差距极大。

“如此低的价格，能造出什么样的设备？！” 作为“中国地铁 AFC 创建先行者”的陈凤敏女士无奈之余也非常义愤。2013 年 10 月在重庆举行的第十届 AFC 论坛上，陈凤敏女士表态，轨道交通 AFC 行业的发展，需要业界共同呵护、共同破解难题。2014 年 9 月在兰州举行的第十一届 AFC 论坛上，陈凤敏女士再次强调了无序竞争的危害性。也就是在这种背景下，本书最开头提到的 2014 年 4 月的“南湖会议”召开了。当时的方正国际，又面临什么状况呢？

轨道交通 AFC 系统业务作为方正国际的五大业务之一（公安、交通、金融、医疗、媒体），起点是高的，业绩也是突出的，北京地铁 5 号线、迪拜棕榈岛线 AFC 系统项目是业界标杆，北京地铁亦庄线、西安地铁 2 号线、天津地铁 2 号线、沈阳地铁 2 号线也不遑多让，乌鲁木齐 BRT、澳门轻轨也是鼎鼎有名。但即便如此，在当时的市场环境下，进一步拓展市场难度较大。由于轨道交通 AFC 系统项目存在相对固定的周期性，而方正国际本身作为一家技术企业，容不得半点马虎，项目“损耗”的人力、物力、财力和时间也就相对更多。方正国际轨道交通 AFC 系统业务团队一旦开始专注某一条线路项目，便难以顾及更多。如果一年中标一年实施，那么业绩就会像波浪线，一年高一年低，于业务本身的常态发展也是相当不利的。偏偏这个时候市场大环境变得恶劣。

在业绩压力下，一度传出方正国际要“抛弃”轨道交通 AFC 系统业务。邓伟就是在这个时候来到这个部门的。战略投资事务出身的他，一开始的工作任务不言而喻，找个好的“接盘侠”。但事情并没有那么简单，不要说市面上没有能接手方正国际轨道交通 AFC 系统业务的单位，便是有，一时半会也难以转手。

就这样，“碰”到了陈凤敏女士组织的第一次“南湖会议”。

邓伟作为方正国际轨道交通 AFC 系统业务的掌门人，参加了这次行业集成商的首次聚会——说“首次聚会”一点也不夸张，因为参加这次会议的几位大佬在此之前几乎素不相识。在具有革命纪念意义的南湖画舫上，G7（方正国际、上海华虹、浙大网新、高新现代、南京熊猫、上海邮通、北京中软）大佬推心置腹，达成了共识，形成了第一次“南湖宣言”。

在宣言里，大佬们一致认为要改变当前轨道交通 AFC 系统这种不健康的市场竞争状况，愿意通过成立联谊会进一步加强同行间的沟通与交流，不搞联合体，不搞无利的低价竞争，不诋毁同行声誉，促进轨道交通 AFC 行业的健康发展。

会议还决定成立轨道交通 AFC 系统集成商联谊会（这也是轨道交通 AFC 行业成立的第一家联盟性质的组织），并按照

fig.4-5 轨道交通 AFC 系统集成商联谊会活动照片

公司首字母排序选出轮值主席。无巧不成书，F 开头的方正国际成了第一个轮值主席单位，邓伟机缘巧合成为联谊会的首任轮值主席，也许这就是方正国际轨道交通 AFC 系统业务的宿命。

邓伟就任首届轨道交通 AFC 系统集成商联谊会轮值主席后，凭借一股“初生牛犊不怕虎”的热情和一种“敢为天下先”的责任心，加上北大方正的底蕴和影响力，组织了多次企业高层间的活动，加上以陈凤敏女士为代表的行业有识之士的共同努力，轨道交通 AFC 系统集成业务的交流变得多了起来，由从前的互不相识到如今的谈笑风生，市场风气逐步好转。轨道交通 AFC 系统集成商联谊会为行业其他模块联谊会的发展做出了一个好榜样，邓伟的工作和方正国际的表现更是赢得了行业各界的赞誉。

此时国内轨道交通的形势在快速变化，行业局势也在慢慢好转，2012 年上半年，方正国际在中原大城市——郑州中了一个标，拿下了郑州地铁 1 号线的 AFC 系统项目。这一步，对方正国际轨道交通 AFC 系统业务的发展，至关重要。内在的因素，外在的因素，最初转手的设想变成了在城市轨道交通行业长期发展的规划和行动。

第 5 章
逐鹿：南下郑州的战略意义

一番操作猛如虎！方正国际轨道交通 AFC 系统业务由北京南下郑州的拓展道路，无论是从战略布局上看，还是从实际效果上看，都是一次堪称完美的操作。

郑州的“相见恨晚”

方正国际轨道交通 AFC 系统业务在北京建立了根据地，并逐步拓展了天津、沈阳、西安等外围市场，同时还走向了海外市场，但这只是这个品牌老店在轨道交通 AFC 行业站稳脚跟的一个标志。然而，在这成王败寇的商业战场里，仅仅有一个稳固的根据地和散落的几个据点是远远不够的，更重要的是能否以点带面扩大战果，将战果推向根据地的外围，辐射到更宽广的区域去，进而形成第二个、第三个、第四个根据地直至最后星火燎原。

从启动轨道交通 AFC 系统这个业务伊始，北大方正集团的相关领导肯定就是有做大做强的理想的，这也是任何一个孵化业务或者说创新业务团队的梦想。从管祥红到周大良再到吴建英的方正国际历任 CEO，从唐利军到刘军再到邓伟、胡军的方正国际轨道交通 AFC 系统业务的分管负责人，自然也是都希望业绩越做越好。毕竟首都的锅再大也就那么大，何况还有那么多人盯着，谁都明白坐吃山空的道理，必须要进一步拓展市场。

再看2012年以前方正国际轨道交通AFC系统业务的市场案例，除了北京，还有沈阳、天津、西安，当然也有远在西亚的迪拜和“孤悬”南海的澳门，偌大的中华大地，尚未形成真正的根据地体系。不算西安，从北纬38度到北回归线近15个纬度的跨度上鲜有方正国际轨道交通AFC系统的足迹。在这15个纬度的地域中，黄河、长江、珠江三条大河从西向东流淌而过，更有富庶的长三角、珠三角，以及崛起中的中原经济圈——真正的西部大开发中间带。当然，这其中自然也有近水楼台先得月的势力范围因素。方正国际轨道交通AFC系统业务要想真正进一步扩大影响力，必须要打进这15个纬度区间的市场！

这时，一直心怀振兴中原经济、立志成为华中老大的郑州，“抛来了橄榄枝”。

在地理意义上，秦岭淮河一线分出了南方北方，此线南北，无论是自然条件、地理风貌还是随之而来的农业生产方式和居民生活习俗，均有明显的不同。所以从战略角度上看，从北京南下，郑州无疑是很好的大前站——这个秦岭淮河以北线上居中的大城市，恰好处在北京文化小辐射圈的外围，再想想它的城市区位优势和辐射范围，进一步可再下武广，退可深耕华北市场，而在此之前，郑州西边的西安已初步被方正国际打开了市场，所以到这个时候，郑州成为方正国际AFC业务拓展的又一根据地真可谓有一种“踏破铁鞋无觅处，得来全不费工夫”的意外之巧，“相见恨晚”。

历史上很多时候，战略都是理想主义、纸上谈兵。如今回想起来，方正国际由北京至郑州的这一步棋，有意无意之间，却着实堪称经典。

《史记·留侯世家》曾有一段刘邦定都关中的小故事，虽情势不同，但道理约略可比。

刘敬说高帝曰：“都关中。”上疑之。左右大臣皆山东人，多劝上都雒阳：“雒阳东有成皋，西有殽黾，倍河，向伊雒，其固亦足恃。”留侯曰：“雒阳虽有此固，其中小，不过数百里，田地薄，四面受敌，此非用武之国也。夫关中左殽函，右陇蜀，沃野千里，南有巴蜀之饶，北有胡苑之利，阻三面而守，独以一面东制诸侯。诸侯安定，河渭漕免天下，西给京师；诸侯有变，顺流而下，足以委输。此所谓金城千里，天府之国也，刘敬说是也。”于是高帝即日驾，西都关中。

郑州就是方正国际轨道交通 AFC 系统业务自北京“顺流而下”逐鹿中原的重要节点。

打响“入主中原”第一枪

郑州，作为我国著名的火车拉来的城市（当然，郑州也有着非常久远的建城史）、我国陆路交通的大枢纽，战略地位毋庸置疑。在郑州市政府门户网站上，是这么“夸”郑州的：

郑州是全国重要的铁路、航空、高速公路、电力、邮政电信主枢纽城市，是全国普通铁路和高速铁路网中唯一的“双十字”

中心。郑济、郑万、郑合、高铁郑州南站及配套工程开工建设，米字形高铁网加快成型。郑州新郑国际机场开通国内外客货航线 194 条，旅客吞吐量突破 2430 万人次，居国内机场第 13 位；货邮吞吐量成功跨越 50 万吨大关，稳居全国机场第 7 位；首次跻身全球机场前 50 强。郑州是国家首批跨境电子贸易试点城市和国家级互联网骨干直联点城市，中欧班列（郑州）每周“去八回八”常态化运营，全年开行 501 班，境内外双枢纽、沿途多点集疏格局初步形成。汽车整车、肉类、水果、冰鲜水产品、食用水生动物指定口岸业务量稳步提升，邮政口岸成为全国国际邮件重要集疏口岸，药品进口口岸加快建设。EWTO 核心功能集聚区正式挂牌，“买卖全球网”和“贸易单一窗口”上线运行，成功举办首届全球跨境电子商务大会，全年进出境商品 9200 万包、货值 100 亿元，综合指标全国领先。[8]

8. 资讯最后更新时间为 2019 年。

这么一个以交通优势闻名的中原大城市，加上河南又是我国人口第一大省，作为其省会的郑州发展地铁也是大势所趋，其规划也早已有之。

2008 年 2 月 22 日，郑州市轨道交通有限公司就已经郑州市人民政府批准成立，负责轨道交通项目的工程投资、建设、运营，以及轨道交通的广告、通讯、周边土地开发利用及其他特许经营权的经营、投融资等业务。这是一个重要节点，2008 年是国人瞩目的北京奥运会召开之年，而此时北京地铁也正在为筹备奥运会实施轨道交通 AFC 系统项目，对郑州地铁建设的影响不言而喻。所以在郑州市轨道交通有限公司成立后，特别是北京奥运会结束之后，郑州地铁的建设就逐步加快，轨道交通 AFC 系统的建设自然也在整个地铁建设的规划之内。而此时的方正国际轨道交通 AFC 系统，挟北京地铁 5 号线“奥运线”之品牌效应，在圈内也已经小有名气。

所以，当时的情势是：一个是着手起步建设地铁的中原古城，一个是冉冉升起的行业明星企业；一个对标国际一流建设标准，一个拥有国际合作、技术领先的天然基因；一个对建设中原第一条地铁线路踌躇满志，一个对自身标准要求极高。郑州地铁和方正国际二者的牵手似乎是可以想见的事情。

经过前期的筹备，2012 年 4 月，郑州地铁规划建设的第一条线路——郑州地铁 1 号线一期工程自动售检票（AFC）系统招标工作结束，方正国际最终中标，成为郑州地铁 1 号线一期工程自动售检票（AFC）系统承建商。

由此，方正国际打响了“入主中原”的第一枪，对公司轨道交通 AFC 系统业务来说意义非凡。

中标后，时任方正国际智能交通事业部总经理刘军接受采访时说道：“在轨道交通 AFC 系统的研发上，方正国际充分利用其优秀的计算机软件系统集成能力，同时吸收国际上成熟的经验，从而成功研制出一整套适合国情、功能完善、灵活扩充、使用方便、安全可靠的自动售检票（AFC）系统。”他认为，中国正处于智慧城市建设的发展期，这将带动城市智能交通建设的新浪潮，而方正国际已经做好了相关技术及市场储备。

对于此次成功中标，时任方正国际 CEO 管祥红也寄予厚望，他说：“我们将全力投入确保工程质量，为未来郑州城市智慧交通网络建设确立一个国际化的建设标准。”

从后面双方合作取得的成果来看，方正国际与郑州地铁的这一次牵手，相见恨晚，却也一点不晚。

郑州地铁 1 号线刷新多个纪录

好的东西不怕晚，说一点也不晚当然是有根据的。

郑州地铁 1 号线一期工程，西起西流湖站，东至郑州市体育中心站，全长 26.2 公里，设有 20 座车站，均为地下车站，是横穿郑州的东西大动脉，尤其是连接郑州火车站、二七广场、郑州东站高铁枢纽等一系列标志性地标。

根据初步规划，郑州地铁 1 号线一期工程自动售检票（AFC）系统将于 2013 年 3 月 1 日前完成系统安装，地铁预计于 2013 年年底前全线贯通，进而成为中原地区第一条运营的地铁线路。

自郑州地铁提上规划日程以来，郑州市民对郑州地铁 1 号线的开通就一直翘首以盼。这个过程在后来郑州地铁开通后的媒体报道中也能略窥一二。

报道之一：

记者 26 日从中国铁建铁四院了解到，由铁四院总体设计、历时四年半建设的河南第一条地铁线——郑州地铁 1 号线一期工程将于 28 日开通运营，古城郑州即将驶入地铁时代。[9]

9. 自中国政府网报道：http://www.gov.cn/jrzg/2013-12/26/content_2554922.htm。

10. 自新浪网报道：http://henan.sina.com.cn/news/m/2013-12-27/0734-117006.html。

报道之二：

郑州地铁 1 号线正式开门载客，标志着郑州进入地铁时代，成为全国第 18 个开通地铁的城市。4 年多的时间，1600 个日日夜夜，河南人终于盼到了地铁开通，省会郑州又多了一张大都市的名片。[10]

正是因为承载了郑州市民巨大的期待，郑州地铁 1 号线无疑又多了一分沉甸甸的责任，直接面向乘客的轨道交通 AFC 系统自然压力更大，尤其这是方正国际向外拓展业务的重要项目，每个人都不敢有丝毫懈怠，全力以赴地投入项目工作中去。

郑州地铁 1 号线规划开通的时间节点定得很准。

2013 年 12 月 28 日中午 12 点整，这条凝聚着方正国际轨道交通 AFC 系统项目团队以及其他项目工程单位团队心血的郑州地铁 1 号线正式开通试运行。

fig.5-1 郑州地铁 1 号线开通前的夜间调试

郑州地铁 1 号线的开通运营，在极大方便了郑州市民出行的同时，也瞬间激发了郑州市民积攒多年的乘坐地铁的热情。根据后来统计数据，郑州地铁 1 号线运营半个月即已承载了超过 480 万人次的客流量，2014 年元旦当天的客流量更是超过 60 万人次。

如此巨大的客流量，给地铁运营带来了巨大压力，在 90% 以上乘客使用自助售票机购买单程票进出站的情况下，轨道交通 AFC 系统在开通之初就面临一个大的挑战。不过，方正国际实施的轨道交通 AFC 系统应对自如，表现堪称优异。开通一个月，郑州地铁 1 号线仍然保持着趋于零故障运营的"清白之身"，背后强大的运营系统支撑，正是这个奇迹的有力保障。

顺利开通运营的背后，是方正国际轨道交通 AFC 系统项目团队一年多时间里不舍昼夜的投入，也正因如此，他们一起创造了我国轨道交通 AFC 系统建设史上的若干项纪录，如在顺利完成轨道交通 AFC 系统的同时，成功集成了第三方读卡器，以

fig.5-2 郑州地铁 1 号线开通纪念地铁票

及刷新了我国轨道交通 AFC 系统的最短工程现场交付工期——2 个月。显然，没有过硬的技术实力是不可能实现的，由此可以看出方正国际轨道交通 AFC 系统业务团队的快速成长，也从侧面证明了郑州轨道交通公司和方正国际联姻的正确性。

但这还只是开始。

郑州地铁开通试运行正赶上元旦小假期，开通前 6 天每天的客流量分别是：28 万、40 万、26 万、34 万、60 万（元旦）、26 万。2014 年元旦当天的客流量最大，郑州地铁 1 号线平均每台自动售票机出售 1459 张单程票，其中西流湖站 01 号自动售票机全天售出 2465 张单程票，西流湖站 10 号闸机当天更是回收 5169 张单程票，这几个数据对于一个刚刚开通地铁线路的城市来说，也算是一个了不起的纪录。但即便是在如此持续的高客流量“冲击”下，方正国际轨道交通 AFC 系统依然不辱使命。

郑州地铁 1 号线开通运营没多久，2014 年春节又悄然而至。元旦连着春节，春运高峰是令很多交通部门闻之色变的事情，作为刚刚开通一个多月的郑州地铁 1 号线，显然要承受更大的压力。

一方面，河南是我国人口大省，也是外出务工人员大省；另一方面，郑州地铁 1 号线连接了郑州火车站、郑州东站两大铁路枢纽，再加上二七广场等一众市中心繁华区域，春运客流高峰将非比寻常。

面对这种情况，方正国际轨道交通 AFC 系统项目团队早就做好了心理准备和工作保障，项目负责人在地铁开通后不久就表示：“地铁开通后客流量持续走高，但仍在我们的预计范围内，接下来我们将全力保障地铁 1 号线在春运期间畅通无阻。”

为做到万无一失，方正国际轨道交通 AFC 系统项目团队一边协助郑州市轨道交通有限公司在郑州地铁 1 号线每个车站平均都设置了 8 台自助售票机，个别大换乘站设置临时售票厅，一边组织项目团队人员坚守岗位，各司其职，做好各项应急准备工作。加上郑州市轨道交通有限公司通过安排备用车、缩短行车间隔等方式，最终，在面对比元旦期间客流量更大的挑战面前，郑州地铁 1 号线平稳度过 2014 年春运高峰。

在成绩面前，方正国际上自管理层，下到项目组成员，出于对工作的吹毛求疵和行业的特殊性，都用词谨慎，但这绝不意味着没有自信不敢爆料，相反恰恰是方正人多年来“方方正正做人、实实在在做事”价值观的淋漓展现。

郑州地铁 1 号线是横亘郑州市区东西的公共交通大动脉，拿下这个中原大城市的重要公共交通枢纽工程，对方正国际来说，绝对意义深远。现在回想起来，这一项目不仅推动了方正国际轨道交通 AFC 系统业务的发展，对我国轨道交通 AFC 产业发展和行业格局都产生了较大影响。

第 6 章
危机：北京根据地市场的稳固

2014 年北京的那个冬天，对方正国际来说，格外的冷，格外的长……

看不见的硝烟与危机

西风烈，长空雁叫霜晨月。霜晨月，马蹄声碎，喇叭声咽。雄关漫道真如铁，而今迈步从头越。从头越，苍山如海，残阳如血。

如果找一首词来形容那段岁月，毛泽东主席的《忆秦娥 · 娄山关》多少还是贴切的吧。

1935 年，长征途中的红军辗转到了贵州。这一年 1 月的遵义会议，确立了毛泽东主席在党内的领导地位——这也被后世定义为中国共产党历史上生死攸关的转折点。会后的红军继续长征，这首词即写于二渡赤水期间。凭借艰苦卓绝百折不挠的意志，红军攻占娄山关，为大部队顺利通行迈向胜利前程打下坚实的基础。

2014年的冬天，对整个方正来说都显得格外的冷，格外的长。

线上线下，一阵阵看不见的“硝烟”弥漫，品牌市场的同仁们隔三岔五地碰头开会，商量下一波公关攻势——如今看起来多少有点“往事如烟一笑而过不提也罢”。外部的大环境如此，有些工作已经没法开展下去了，但方正国际涉及的业务或多或少关系国计民生，想停也停不下来。轨道交通AFC 系统业务就是其中的代表，不巧的是，就在这个当口，北京市有关部门启动了北京地铁票制票价改革工程，即所谓的“票改工程”。

在方正国际 AFC 系统的众多案例中，北京地铁 5 号线有着比较特殊的地位，因其于 2008 年 6 月 9 日通车试运营，赶在北京奥运会开幕之前开通，被誉为“奥运线”。经过奥运大考，方正国际轨道交通 AFC 系统业务初露锋芒。随后，方正国际又承建了亦庄线等北京地铁线路的 AFC 系统项目，成为北京地铁建设中的一支重要力量。

此后，方正国际在北京建树不多（除最初的 5 号线外，只有后来的亦庄线和昌平线这两条郊区线路），但为什么说北京是方正国际轨道交通 AFC 系统业务的根据地呢？老套一点的说法，天时、地利、人和，样样不缺。

一是“天时”。“奥运线”北京地铁 5 号线的成功案例，打响了方正国际在国内轨道交通 AFC 系统业务的第一枪，让方正国际赢得声誉，更重要的是积累了国内轨道交通 AFC 系统实施的宝贵经验。尤其是在全球关注的奥运会周期，成功的影响效应更为扩大和深远。“天时”可遇不可求。

二是“地利”。依托北京大学和方正集团，地处中关村核心地带的方正国际持续在轨道交通 AFC 系统领域发力，在实施北京地铁几条线路 AFC 系统过程中，借地利之便与北京地铁业主方实时沟通，提供第一时间的服务响应机制。

三是“人和”。因为“地利”，让“人和”的优势更加有效，而更关键的是，方正国际一直以一个“公心”的态度协助北京地铁公司完善地铁运营，包括最开始方正集团与日本欧姆龙株式会社建立 AFC 系统联合实验室，得到北京市科委等机构的大力支持，以及后来北京轨道交通 AFC 系统标准规范的编制和北京地铁的人才培养，方正国际也贡献不少。

天时地利人和样样皆有，让北京自然而然被定位成方正国际轨道交通 AFC 系统业务的根据地。

然而，由于 2014 年年底、2015 年年初的北大方正集团高管那次众所周知的事件，一度引发上级领导的高度关注，主营 B2B、B2G 业务的方正国际受到相较于方正集团旗下其他企业更为严重的影响。各大政府、行业客户对“方正”二字都唯恐避之不及，努力撇清关系，导致方正国际相关业务一度停滞，轨道交通 AFC 系统业务这个与政府关系密切的行当，其影响也是可想而知。

也正是在这个关键时期，北京地铁启动了具有划时代意义的票制票价改革工程，负责北京地铁 5 号线、亦庄线这两条线路“票改工程”的方正国际，毋庸置疑承受着比以往更为巨大的压力。邓伟后来回忆起那段岁月，说：“当时业界都在等着看方正国际的笑话。”

自身内里的忧虑愈发严重，外界环境的压力却在与日俱增，此时此刻的方正国际轨道交通 AFC 系统业务面临着比以往更加严峻的形势——这也是对方正国际轨道交通 AFC 系统业务团队最严峻的一次考验。以往是“方正”的牌子推动了业务发展，而这时，“方正”的牌子成为一种“拖累”。

危机袭来，如何应对？是撒手不管，还是转身迎战，抑或是战战兢兢？

披星戴月三个月

超然物外，做好本职工作。诚如负责北京地铁票改工程的方正国际轨道交通 AFC 系统项目组成员后来所说：“做项目的人不会想那么多，不管外面如何变化，我们一样要把项目做好。”说话的时候，他们脸上很是轻描淡写。

也许正是在这种态度下，方正国际轨道交通 AFC 系统项目团队最终在北京地铁票改工程上交出了一份让地铁业主方都感到赞叹的满意答卷。

那是 2014 年 12 月 29 日，北京地铁票改工程后的第一个工作日，北京地铁 5 号线日客流量 887 080 人次，当天发售单程票 89 103 张；亦庄线日客流量 162 760 人次，当天发售单程票 19 959 张；在早上 7:30—8:30 上班高峰期的 1 个小时内，5 号线天通苑北站进出站客流量达到 14 844 人次，天通苑站进出站客流量更是达到 15 830 人次。面对如此“汹涌”的客流量，方正国际实施的轨道交通 AFC 系统性能稳定，表现优异，方正国际也成为整个票改工程中表现最好的系统集成商，赢得一致好评。这个结果，也让业界为之叹服——“方正”的牌子够老，也够硬！

那么，他们是怎么做到的？

从售检票方式的角度，北京地铁可以划分为三个明显的阶段，即纸质地铁票时代、轨道交通 AFC 系统 2 元通票时代和如今的轨道交通 AFC 系统分段计价时代。2008 年 6 月 9 日是北京地铁告别纸质售票的日子，6 年半后的 2014 年 12 月 28 日，北京地铁的 2 元通票时代也宣告终结。时代在走，市场在变，技术也在发展。

环顾2014年时候的全国轨道交通收费方式，北京地铁的2元通票多少显得有点格格不入，分段计价成为一种必然。但分段计价在数字上看起来简单，无非是从2元到3元、4元、5元……但涉及系统改造就不是那么简单的数字加减了。不同于公交车同一条线路乘车，地铁分段计价还涉及换乘，换乘后的分段计价、线路收益分配等技术问题都要考验软件公司的经验和能力。而且票价、票制改革对地铁车站影响甚大，实施票改工程之后，由于不能提前大量预制车票，人工发售车票时间将是以往的3倍，稍有故障极易造成购票拥挤和出站拥堵。因此，地铁售票机、补票机、进出站闸机必须要做到精确而快速运转，这对轨道交通AFC系统提出了非常高的要求。

正式实施的日子是2014年12月28日，但具体的工作在3个月前就已经开始了，也就是说，方正国际轨道交通AFC系统业务项目团队为此鏖战了3个月——当然，北京地铁其他线路的票改工程负责公司也基本上是同步开始的。

这3个月，奋战在北京地铁票改工程一线的方正国际轨道交通AFC系统项目工程师告别了周末，每天工作十多个小时成了家常便饭。由于轨道交通AFC系统维护时间的特殊性，这些工程师基本都是黑白颠倒的状态——白天地铁照常运营，待到地铁运营结束的深夜，就成了工程师们忙碌的时光。他们披星戴月，与时间赛跑，除了加班工作，就是加班休息。有时候为了工作需要，直接在项目现场打个盹，凑合一顿方便面就当是“夜宵中的晚餐”了。下班后迎接东方升起的第一缕阳光，有时还饶有兴致地拍个照，呼出的气在寒冷的朝阳中袅袅飘散。真正是所谓的“苦中作乐”！

饶是如此勤奋，为确保系统升级万无一失，确保此次北京公交地铁票改工程的系统升级和测试工作顺利完成，2014 年 12 月 27 日当天，方正国际轨道交通 AFC 系统项目团队很多工程师早早就来到提前分配好的 5 号线各站点岗位待命，晚上 21 点整地铁停运之后立即进入紧张繁忙而又有序的系统升级和测试工作，做好应对一切突发事件的准备。这份责任心，也让客户方甚为感动和钦佩。

现场实施过程中，方正国际轨道交通 AFC 系统项目团队的工程师们与北京地铁的员工们协同配合，从前端到后台，从闸机到自动售票机、人工售票机，逐个升级测试，一一排查，最终于指定时间点圆满完成了切换任务，这功力真不是吹的，但这还不是结束。

此时，已是 12 月 28 日的凌晨，天慢慢泛白，北京冬日清晨的早餐铺、环卫工已经陆陆续续出现在了街头，离第一班地铁的出发时间也不远了，但方正国际轨道交通 AFC 系统项目团队依然没有走。

有道是“行百里者半九十”，为了确保刚升级后的系统万无一失，方正国际轨道交通 AFC 系统项目团队在完成系统切换后，所有人坚守岗位，直到 12 月 28 日中午时分确定一切正常后方才陆续离开，但项目经理等主要负责人仍然坚守阵地，以便及时应对突发事件。正是这分专业态度和责任心，保障了 12 月 28 日清晨北京地铁 5 号线、亦庄线等线路的通畅，保障了北京市民乘坐地铁顺利出行。

厚积而薄发，当晚由方正国际负责的地铁 AFC 系统升级切换工作全部出色完成。

高光镜头下不负众望

犹记得 2008 年 6 月 8 日的那个晚上，是北京地铁划时代的一天。那一天，北京各大报社媒体守候在地铁西直门站的售票窗口，等待见证最后一张纸质地铁票的产生。

到了 2014 年 12 月 27 日的这个晚上，显然也是北京地铁划时代的一天。这一天，北京各大媒体自然不会忘了报道这一刻。

也许正是对方正国际轨道交通 AFC 系统的信心，当天中央电视台《新闻直播间》特别连线现场选在了方正国际负责的北京地铁 5 号线。而 12 月 28 日凌晨时分北京市主管领导视察工作、体验新版买票也选在了方正国际负责的北京地铁 5 号线。两种场合，一种"巧合"。

12 月 27 日晚，中央电视台《新闻直播间》栏目专程来到北京地铁 5 号线现场，实时报道北京地铁票改工程进展，并对方正国际轨道交通 AFC 系统项目工程师进行了采访。身着蓝色羽

fig.6-1 方正国际工程师工作场景

绒服的方正国际帅哥工程师成为当天荧屏、微博、微信等各种媒体平台中的热门人物之一。

12 月 28 日凌晨，北京市级主管领导也亲临地铁 5 号线现场视察工作，体验票改工程系统升级之后的新版地铁购票。在体验之后，领导们也对方正国际轨道交通 AFC 系统项目团队的工作予以了积极肯定。

fig.6-2 北京市领导现场视察地铁票改工程

这些都从侧面印证了方正国际在轨道交通 AFC 系统领域的顶尖实力，而最终，方正国际也没有让大家失望。此时，坐镇中军的周大良、邓伟等人也长吁了一口气：“这一关可算是过来了！”在方正那个阴霾密布的冬天，方正国际轨道交通 AFC 系统项目团队在北京地铁票改工程的成功，不亚于一道阳光，划过方正国际位于中关村的那座大厦，让轨道交通 AFC 系统业务所在的交通事业部以及整个方正国际上下为之一振。

事后，邓伟在发给团队的邮件中感慨万千：

此次北京地铁票制票价项目尽管还存在各种问题，但我们还是取得了很大的成功（我可能是唯一一个没有被甲方叫去批评并要求给出承诺的集成商），其意义并不仅仅在于我们顺利完成了这个项目，为公司创造了利润。

北京地铁包括其他城市地铁公司高层都曾经怀疑过方正人

员流失，是否还有能力参与地铁建设和改造，也怀疑过最近满世界的流言蜚语，公司是否能够正常运营，甚至有人说过等着看北京的笑话。如连刚总所说，我们这次的表现体现了团队的精神，也体现了“方方正正做人、实实在在做事”的企业文化，而我们在这次项目上的表现非常优异，用事实回答了外界之前关于方正人才流动后能力的一切质疑和担忧，为我们重新进入北京市场和进入其他地铁市场创造了条件，也再次证明，方正不仅可以向业主方输送优秀人才，而且方正国际在规范的管理下，源源不断涌现出新的人才，在前辈传承的基础上，为用户提供更为优质的产品和服务。

在此，我再次向连刚总、秦发及参与北京地铁票制票价项目所有同仁及支持你们的家属表示感谢！

邓伟

2014 年 12 月 28 日

时任方正国际 CEO 周大良也对轨道交通 AFC 系统业务团队取得的成绩表示祝贺，并对项目团队忘我工作的出色表现给予了高度评价，勉励交通事业部再接再厉，在 2015 年再创佳绩。

感谢各位同事辛勤劳动和努力，特别大量工作在晚上和周末，各位同事牺牲和家人团聚的时间，服从公司和客户安排，以高质量、高效的成果证明了自己，谢谢大家！

预祝各位元旦快乐，家庭幸福，万事如意！

周大良

2014 年 12 月 28 日

也许在北京地铁票改工程之前，方正国际上下仍然心有忐忑，但危机下迸发出来的能量是极其巨大的，而这种力量一旦迸发更多呈现出来的是一种本能。这种本能，也唯有在这种关键时刻才彰显无遗，而方正国际的这种本能是如此强大，大得也许出乎了很多人的意料。

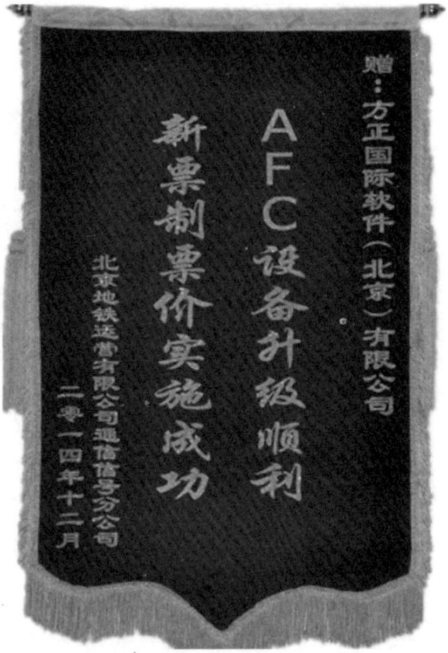

fig.6-3 北京地铁送来感谢锦旗

“笑话”最终没有看成，方正国际反而等来了北京地铁业主方的感谢和表彰。2015 年 1 月 20 日，为表彰方正国际轨道交通 AFC 系统项目团队在北京地铁票改工程中的努力和贡献，北京地铁业主方专门送来了感谢锦旗。邓伟当即把它挂在自己的办公室，位置很是显眼，只见上书：“AFC 设备升级顺利、新票制票价实施成功。”收到锦旗的这一天，正是中国传统二十四节气中的最后一个“大寒”，古有“雪中送炭”，今有“寒中送旗”，不同意境，但于方正国际而言无异于“雪中送炭”。

“雄关漫道真如铁，而今迈步从头越。”通过此次北京地铁票改工程项目，不仅稳固了方正国际轨道交通 AFC 系统业务在北京根据地的市场地位，也再一次让世人看到方正国际轨道交通 AFC 系统业务、方正国际交通事业部乃至整个方正国际的实力，在当时略显寒冷的大冬天，提振了整个团队的士气，也有力推动了方正国际轨道交通 AFC 系统业务以及智慧城市业务在 2015 年取得更大的突破。

第 7 章
成长：“灵魂四问”促进步

“只有反思，才能进步。只有总结与思考，才能让我们每个人的能力有所提高，才能让我们未来的工作效率有可能提高，也才能让我们取得更多更大的成绩。”

“灵魂四问”

方正国际在北京地铁票改工程中取得了好成绩，但这世上并没有什么事情是真正十全十美的。

方正国际轨道交通 AFC 系统业务团队素来是一个喜欢学习、勤于学习也善于学习的团队，对他们来说，每次项目不仅仅是一次研发实施的过程，也是一次学习进步的机会。每一次项目实施，项目经理或者技术带头人均会就项目中的体会、心得进行分享和讨论，找出亮点和长处，分析问题与不足，这实在是一个好习惯。正是这种善于自我肯定、自我批评的机制，让方正国际轨道交通 AFC 系统业务团队实现了一个又一个目标，啃下了一个又一个难啃的骨头，助力北京地铁顺利完成所在线路票制票价改革即是最鲜活的例子。

这次项目告一段落后，时任方正国际交通事业部技术总监的连刚习惯性地对项目进行了总结。（见图 7-1：工作中的连刚）这一次，他在前期与项目团队交流探讨的基础上，着重分析了

fig.7-1 工作中的连刚

项目实施过程中暴露出来的问题，并以长邮件的方式，发给了方正国际轨道交通 AFC 系统业务团队所在的交通事业部的全体同仁，同时抄送给了方正国际总办会的全体领导。

邮件正文的开篇是感谢。

以一个项目亲历者同时也是项目掌舵者的身份发出的这份感谢，字里行间流露出来的是无比真挚和发自内心的情感。连刚感谢了交通事业部的部门全体人员，包括从未直接参与北京票制票价改革项目的人员，如澳门项目成员、投标人员、在外地项目现场的工作人员。他说："正是大家共同的努力，在各自不同的岗位上拼搏奋战、努力分担、苦中作乐，才有了让外界刮目相看的北京票改工程的成功。"

那个时间段一起奋战在北京票改工程一线的同事们，能够全身心地一起投入工作就是一个缘分，可能连他们自己都无法记清楚上一个周末休息是哪一天，甚至无法记清楚上下班时间。

每天十几个小时的加班工作、黑白颠倒，已经成为习惯，也许麻木，但绝没有懈怠；也许无奈，但绝没有抱怨。他们实在是一群“最可爱的人”。

感谢之后，连刚话锋一转：“只有反思，才能进步。只有总结与思考，才能让我们每个人的能力有所提高，才能让我们未来的工作效率有可能提高，也才能让我们取得更多更大的成绩。”事实上，这次方正国际参与的北京地铁票改工程，并不是一帆风顺的，除了之前提到的内忧外患强敌环伺，项目实施过程中也面临了一个个挑战，及时总结是非常必要的。

所以，连刚列出了四大问题，堪称“灵魂四问”。

问题一：

参数升级夜某条线参数解析不完整，导致该线路所有闸机设备无法实现一卡通消费累计。按理说，12 月 13 日，全路网模拟的参数下载，该条线路已经完成了相应的验证，不应当出现

2. 亦庄线升级中的问题

a) 服务器下载参数失败问题：这个问题上午我与刘云江蕃涛等人已经交流了一下，未来继续讨论，本周三要有解决方案。在这里想说的是，这个问题去年年底升级时就出现过，我记得当时有两个车站参数迟迟不能同步，后来应当是远程重启服务器完成了同步。现在看来，这个问题我们去年没有引起足够的重视。按今天的讨论，说明处理机制上似乎不够完备，这个问题必须解决。希望这次抓住问题，找出根源，统一解决。同时考虑我们其他城市的线路是否存在同样的问题，一并解决。不能像去年那样，重启把当时的问题解决后就永久的放下了。

b) 硬件设备故障延迟升级问题和暂留设备延迟升级问题：有时候我们升级的先后次序没有关系，个别时候似乎又是有次序的。本次全线升级时，步骤分别是TPU，然后是终端设备软件，然后是参数。对于断线、故障设备等，他们升级时所有的TPU、终端设备程序、参数均已在SC。设备连上SC是升级的次序是任意可行的还是必须有次序的？我们是否应当通过相应的规则或参数来规定这种升级的次序，以避免不必要的麻烦，或者我们可以支持随意升级。未来有规定次序的升级怎么办？我们是否需要增加新的设计来应对可能存在的这种问题。

c) MLC下载方式的学习问题：现在我们的升级完全靠人力逐台验证，亦庄线相对于五号线验证方法稍简单了一些，我们是否应当有更简洁的方法，包括我在讨论时提到的北京老13号线的检查验证报表等等。如果我们能够有改进的设计，一条线升级的常规验证（不包含票卡刷卡售卡验证）可以大部分由系统辅助人工完成，那么，即使我们需要派人到每个车站，我们对人员的技能要求和工作强度都可能大幅降低。我们只有这样，才能应对未来更多的运营线路。其他公司（包括MLC）的好的东西，我们必须去发现去学习。

总之：给大家这些总结的引子，希望大家能多总结、多思考，同时要考虑长远的需求。大家都很辛苦，非常感谢大家。如果我们能通过今天的思考和行动，使得我们未来能够在工作中轻松一点，就更好了。
希望我们一起努力，更多地用效率而不是用体力去完成工作。

不当之处，请各位指正。

谢谢！

连刚

有限公司Founder International Co.,Ltd.

Department

fig.7-2 “灵魂四问”邮件

这种问题。经查，最终原因是该线路LC（即线路中心）解析一卡通参数出现问题。

思考：

问题到底出在哪里？实际上，12月13日测试中，该线路解析过程中，存在过多的人工干预过程，无论是出乎疏忽还是漏报，这种过多人工干预的测试过程显然没有达到为12月27日晚上升级进行实际演练的目的。因此，未来我们在测试设计的过程中，需要进一步思考我们的测试目标和测试方法是否达到了真正的相互呼应。

问题二：

导则线我们下载参数略慢。经处置后，略晚了几分钟完成下载。其原因，有可能是MLC（即多线路中心）端口出现拥挤导致堵塞，也可能是其他原因。

思考：

在此，暂时先不考虑别人的问题，只考虑我们自己在哪些方面做得不足。

按之前的布置，升级参数前，我们将在当天晚上22点左右重启所有车站SC（即车站计算机系统）程序，以保证服务器处于更加良好的初始运行状态。实际上，由于人员的临时调整，原来负责做此项工作的人员被调整到路网工作，此项工作是否移交到当时线路上其他人员？可能不够清晰，现场的负责人员是否完全执行了相应的动作，可能也没有绝对的把握。

对比看看运营方面相关单位在各个车站做的工作手册，以及路网方面相关单位在路网中心做的工作手册和统计方法，我们在组织管理方面还有进一步完善的空间。各个车站运营人员的操作指南和测试项目，有相当具体的内容，每做完一项，必须画勾标记，这样就很难漏项。运营方面和路网方面相关单位在12月27日晚上组织了三百多个车站数千个人员的协同工作，是北京地铁这次票制票价调整一夜成功的重要基础。当然，这中间我们的支持也是完成此项工作非常非常重要的保障。

话说回来，我们没有必要过多关注别人工作中的效率或是差错的地方，单单把这几千人（有大爷大妈，也有没怎么经过训练的刚刚参加工作的人员）组织协同完成同样的工作，就是一个非常困难的事情，而这也不是我们的专长。

但是从取长补短的角度，环比到我们的工作布置、工作检查等方面，每个人都还有很多可以提高的地方，这样才能让我们不断进步，去完成未来更多比这还艰巨的任务。

问题三：

亦庄线TVM（即自动售票机）软件日结单出现错误以及之前软件版本问题，虽然最终解决了问题，但我们为此投入的人力、物力却可能是完全可以避免的。

思考：

思考一下这两个问题出现的主要原因到底是什么？我们能否避免。

软件版本问题，体现了我们在版本管理上还存在一定的漏洞和不足。由于之前保存的亦庄线前TVM软件源代码不是最终源代码，同时实验室TVM设备环境和亦庄线设备环境不一致，导致在现场布置时出现问题。好在宋堃等人有着良好的软件版本更新习惯，加上总体改动范围有限，最终在拿到源程序的基础上，宋堃将修改内容全部移植到最终源代码之上，完成了修改，又经过两天的测试，验证了结果。这个事情可大可小，中间但凡有什么差错，结果是什么样还真未可知。

关于 TVM 软件日结单错误问题。此前修改了多次程序，12 月初软件版本经实验室验证后布置到现场，出现日结单偶尔不正确的问题。一开始我们把这个问题归结到磁盘碎片问题，但在磁盘整理后还是每天都有几台 TVM 日结单不正确，最后通过重新调整日结单记录文件，才真正解决问题。在这个过程中，我参与了两次日结单问题测试，第一次我们八九个人从下午一直测试到半夜 3 点多，第二次由测试人员先测试了一天后，我又到实验室陪同测试了半天。

后来我一直想，为什么我第一次参与测试那么长时间没有发现这个问题？现在看，问题出在两个方面：一，这是一个并行处理引发的问题，当问题出现后我们没有深入认真分析，而是通过重复数十次测试就认为问题已经得到解决；二，这个问题原则上不应当滞留到测试阶段这个时候，完全应当在设计阶段就要解决，并发问题不是通过简单测试就能解决的问题，是我们在设计阶段要解决的问题。这也体现出我们的审查机制存在缺陷。如果在最初的日结单修改设计的时候，我们就进行设计修改讨论和风险评估，而不是简单地由修改人员在非常短的时间压迫下紧急找一种解决办法，而我们大多数人只是简单地等待结果，这个问题就不会出现，也不会出现后面反复多次的重复修改和测试、工程实施问题。

问题四:

关于北京地铁5号线查询机问题。

思考:

按理说,这是一个简单的问题,但我们有些同事认为非常困难,不太愿意去解决。后期和相关人员讨论时,我觉得完全存在更好的解决办法。亦庄线查询机使用的开发工具与5号线BOM(半自动售票机)采用的开发工具是完全相同的。因此,我认为,我们完全可以用亦庄线的完整功能(界面、维护)+五号线BOM通信部分(与服务器)+五号线BOM票卡分析功能封装实现。

尽管实际实现可能没有我想象的那么简单,但我想至少可以试一试。早期,我们有1到2个月的时间解决这个问题,可能是我和秦发(方正国际轨道交通AFC系统业务技术负责人之一)不够重视,没有把这个问题当回事,导致这个问题出现了一定程度上的延误。这个责任在我们高层,不在开发人员。中期,当我和某个开发人员认真探讨这个问题的解决方法时,他没有真正讨论出解决办法(当然,也可能是我没有真正理解开发人员的想法)。但是如果一个人你有意愿去解决问题,相信你总能够找到一个比较好的解决途径。

困难大多数时候是相对的,你向后退,困难就会变大,你向前走,困难有可能就会迎刃而解。最后,希望大家思维要开放一点,加强相互交流,因为我们每个人都有其他人需要学习的优点,而通过开放的讨论也将有助于我们的进一步提高。

邮件的最后,连刚最后点了主旨:

在感谢大家也感谢我自己的努力的同时,我也希望,大家能够认真地思考，仔细回味这一过程中我们和他人经历的点点滴滴，学习别人的优点，学习其他团队好的工作成果，重新审视在这一过程中我们自己或其他团队出现的问题，认真分析其原因，以此不断丰富我们的经验和知识，不断完善我们的工作方法，不断优化我们自己的工作习惯，而不是简单地把问题归结到“时间紧、任务重，出点问题很正常”类似这样不假思索的惰性思维之中。

说了这么多，举了几个方面的例子，希望对大家有所借鉴。我希望，大家有时间的时候，重新温习我们在这个项目中各个厂家出现的问题，我们一定会有所收获。

四个问题，不多也不少，其中有些话语甚至有些重，真正触及了“灵魂”。但诚如连刚在邮件结尾中说到的：“如果这封臃肿的邮件能有助于大家个人和团队能力的提高，我就会感到很欣慰。”

这就是方正国际轨道交通 AFC 系统业务团队在取得堪称一次“翻身仗”的胜利之后的态度，一个团队如果经常性地如此扪心自问、孜孜以求、戒骄戒躁、永不满足，又何愁不能取得成绩呢？！

1%的希望付出 150%的努力

北京地铁票制票价改革工程项目的成功，是一个里程碑式的结果，在品牌传播、市场推广等方面意义重大，但从内里激发方正国际轨道交通 AFC 系统业务持续发展，更有价值的往往在于事后的总结与打磨。在这次北京地铁票制票价改革工程之后，连刚组织了一场深入的总结。在这事后的总结中，连刚不吝笔墨，写了很多，其中让人印象深刻的有一句话：“1%的希望付出 150%的努力。”

是的，方正国际能在竞争激烈的国内外轨道交通 AFC 行业中拥有一席之地，除了长达十余年的技术积淀、数十个大小工程项目积累、依托北京大学和方正集团的研发力量，在某种意义上实际上是一种强有力的信念在支撑。

“只要有 1%的希望，我们就会付出 150%的努力。”这是连刚经常挂在嘴边的一句话，这也是潜移默化、已然深入方正国际轨道交通 AFC 系统业务团队骨髓的一种信念。正是这种不因困难而放弃自我的信念，这种只要有希望就锲而不舍的信念，配合“方方正正做人、实实在在做事”的方正价值观，支撑了方正国际轨道交通 AFC 系统业务今天的成功。

与连刚谈方正国际的轨道交通 AFC 系统、谈方正国际的发展、谈行业的趋势，给人印象最深的是这位将大半辈子奉献给了轨道交通 AFC 系统的耆宿，算是一个虔诚的“认真主义者”，也可以说是“态度决定一切”的追随者。

说到方正国际轨道交通 AFC 系统业务的核心竞争力，他不提技术，不提实力，他说的是“工匠精神”；说到方正国际轨道交通 AFC 系统业务的成绩，他不提案例，不提数字，说的是“方正核心价值观”；说到方正国际最初在北京地铁 5 号线的成功，他不提荣耀，不提成绩，说的是一颗“公心”。

也许精神的力量在如今这个物欲横流的社会多少有点显得

“扎眼”，但至少在方正国际轨道交通AFC系统业务这个部门团队里，“方方正正做人、实实在在做事”这个方正核心价值观始终是在贯彻的，并且被以邓伟、连刚、胡军、秦发、管宏、贾健、陈宪旖、叶明玉、李海峰、王波等一帮核心骨干以身垂范，并言传身教于后来者。这种力量无形间放大到每个项目中，放大到每个细节中，放大到每次分工中，产生的成果自然也是可以想见的。

2014年冬天的北京地铁票制票价改革工程吸引众多人的眼球，圈内圈外，无数双眼睛盯着，也让这个项目多了一层额外的压力。但最终方正国际项目团队顶住压力，出色完成任务，光芒盖过了其他对手，成为为数不多的保质保量完成当晚任务的厂商，这无疑也向外界再度诠释了方正国际在轨道交通AFC系统领域的实力。

虽然最终结果比较圆满，但现场系统切换过程中仍有一些突发情况难以避免，即便项目团队在前期做了大量的准备工作，为此，项目团队群策群力，与运营方等多方合作，紧密协同，确保成功。还是借用连刚的话：“经此一役，无论今后我们承建什么项目、遇到什么样的困难，我们都能度过艰险，抵达成功的彼岸。”

这种磨练历程，也成为方正国际轨道交通AFC系统项目团队每一个成员人生旅途中一笔宝贵的财富。

三天两夜连轴转

北京根据地市场的稳固当然不仅仅是依靠2014年底的这次票改工程，方正国际轨道交通AFC系统业务团队多年来提供的高效高质服务才是这一切的基石。

在完成2014年年底这次划时代的北京地铁票改工程之后，北京地铁AFC系统在上次票改工程的基础上实施全面升级。再次承担北京地铁5号线和北京地铁亦庄线这两条线路AFC系统升级工作的方正国际，也再次在北京地铁业主方那里留下了一个深刻的好印象。

那是2015年11月的中旬，北京城经历了近年来最大的一次连续降雪，北京地铁AFC系统的升级工作又悄然拉开了帷幕。恶劣的天气挡不住方正国际轨道交通AFC系统业务团队如火的工作热情，自11月20日早9点至11月22日晚9点，伴着3天多的雨雪和严寒天气，方正国际轨道交通AFC系统项目团队又一次兢兢业业披星戴月，在天寒地冻之中圆满完成了系统升级任务，最大程度保障了广大市民乘坐地铁顺利出行。

为确保本次系统升级工作顺利完成，方正国际轨道交通AFC系统项目团队前期做了充分的准备工作，时任部门技术总监连刚、项目经理秦发老师等督战。

2015年11月20日早9点，参与升级工作的方正国际工程师们开始最后一轮实机精讲培训，进行升级工作前的最后准备工作。

11月20日晚9点，北京地铁5号线AFC系统升级工作正式拉开序幕，现场工程师严格按照既定方针和步骤，在陈宪旖、许晓宇、杨晨、孟照云、王波等各小组组长的指导下，有条不紊地实施升级工作。

然而在实施过程中难免会遇到一些突发状况，比如当晚北京地铁5号线系统升级过程中，上位LC（线路中心）无法下发

fig.7-3 北京地铁 AFC 系统升级现场工作照片

程序、半自动人口售票机初始化报错等，在连刚、李海峰等现场组长的指导下，项目工程师们从容应对，解决了一个又一个拦路虎。而面对作为北京地铁 5 号线全线升级重点的 MLC（多线路中心），连刚、秦发、刘云江、李海峰等骨干督阵，由最南边的宋家庄站向最北端的天通苑北站分发程序和参数，这样有效保证了项目进度，加强了项目管理，也大大减轻了升级风险。

最终，在方正国际轨道交通 AFC 系统项目团队全体人员的共同努力下，北京地铁 5 号线的系统升级、验证、保障等重点工作迅速完成，并于 11 月 21 日上午宣告大功告成。

北京地铁 5 号线 AFC 系统的成功升级给 11 月 21 日晚开始的北京地铁亦庄线 AFC 系统升级工作带来了许多有益而可靠的实施经验。方正国际轨道交通 AFC 系统项目团队见缝插针式地休息，争分夺秒式地工作，一鼓作气又于 11 月 22 日清晨顺利完成了北京地铁亦庄线 AFC 系统的升级工作。

由于地铁白天营业繁忙，系统升级一般都安排在夜间进行。此次北京地铁 5 号线和亦庄线 AFC 系统升级过程中，很多方正国际轨道交通 AFC 系统项目团队成员两个晚上连轴转地工作，他们既有外地赶来协助的，也有主动请缨上阵的，这里面还有不少“巾帼英雄”。

从西安轨道交通项目组赶来的李海峰，抵达北京后没有片刻停留即赶往北京地铁 5 号线项目现场支援工作，一工作就是一个通宵。

许晓宇、杨晨等资深测试工程师不仅指导完成了本组工作，还往返于整条地铁线路之间及时解决现场其他问题。

陈宪旖在完成了本组工作任务后，放弃了宝贵的临时休息机会，继续积极协助其他组完成升级工作。

陈宪旖还及时总结北京地铁 5 号线 AFC 系统升级经验并在内部广而告之，这也是后续北京地铁亦庄线 AFC 系统升级工作更加顺利完成的重要原因之一。

还有刘云江率领的服务器组人员连续两夜坚守岗位，快速准确完成参数和程序下发工作，保证整个项目万无一失。

各个小组各个岗位，恪尽职守，无一缺席。

不仅如此，为了保证现场万无一失，也满足路网中心对保障人员数量的要求，方正国际交通事业部还调动了其他项目的骨干力量，如新疆项目部的高义，西安项目部的郑佳、左文帧，沈阳项目部的何健、石鹏，郑州项目部的郑龙、郭红莆，北京研发团队的代云帅、郑峰等十几名开发人员来到现场支援。此外，方正国际还启动了后勤保障机制，公司同时调集了包括人力资源部、运营管理部、公司质量管理部等多个部门的人员奔赴现场。

越是在重大项目的关键时刻，就越是考验一个企业整体实力特别是协作能力的时候。2015 年 11 月北京地铁的这次票改升级工程，全面展示了方正国际的整体素质和能力，尤其是跨部门间跨区域间的协作意识和能力，以及想客户之所想急客户之所急的态度和精神，而这也是方正国际交通事业部乃至整个公司在行业项目交付中的最大物质保障和精神保障。

从 2015 年 11 月 20 日早 9 点至 11 月 22 日晚 9 点长达 60 个小时的时间里，有些工程师累计工作了 40 个小时，最长的连续工作时间甚至达到了 25 个小时，即便只参加了一条线路升级工作的也连续工作长达 22 小时。这可是轨道交通 AFC 行业的常态，作为方正人，他们虽然辛苦却也乐在其中，别有一番成就感。正是凭借这种兢兢业业的工作作风和国内领先的技术实力，秉承“方方正正做人、实实在在做事”理念的方正国际人才能取得这么多令人钦佩的成绩，进一步巩固了方正国际轨道交通 AFC 系统业务在北京以及业界的地位。

第 8 章
引领："互联网 +AFC"在郑州的兴起

方正国际在郑州的势头一发不可收拾，继圆满完成郑州地铁 1 号线 AFC 系统项目之后，又"接二连三"拿下了郑州地铁 2 号线、城郊线的 AFC 系统项目。也许很多人都没想到，轨道交通 AFC 行业的"互联网之风"，一开始就在郑州"吹"得如火如荼。

两年磨一剑

足球圈里有句俗话叫"赢球不变阵"。正是因为有了郑州地铁 1 号线这第一条线路 AFC 系统的成功经验，加上宾主双方在第一条线路项目合作上的顺畅和愉快，第二条线路的合作不说水到渠成，也是双方乐见其成的。

果不其然，2014 年 8 月——就在郑州地铁 1 号线 AFC 系统还在测试阶段的时候，方正国际又成功中标郑州地铁 2 号线一期 AFC 系统工程，项目标的为 8000 余万元，双方的合作还没完结就已延续。

不同于郑州地铁 1 号线，郑州地铁 2 号线是纵贯郑州市区南北，与郑州地铁 1 号线形成"十字框架"格局，于 2010 年底正式动工。此次方正国际中标的是郑州地铁 2 号线一期工程，起于广播台站，止于南四环站，全长 20 余公里，共设车站 16 座，其中换乘站 8 座，当时预计在 2015 年底实现通车试运营。

虽然由于前道其他项目工期延迟等多个原因，郑州地铁

2 号线开通时间晚了半年多，但作为最后进入地铁线路建设的 AFC 系统集成商，方正国际最终没有让各方失望，大大压缩了自己的现场时间。

纵贯郑州市区南北的郑州地铁 2 号线最终于 2016 年 8 月 19 日成功开通运营，与横跨东西并已开通运营 2 年多的郑州 1 号线相交于地铁紫荆山站，共同形成“一纵一横”的郑州两大城市交通大动脉，它的成功开通也宣告郑州进入“双地铁时代”。

紧随开通运营而来的是密集的客流。开通三天，面对周五开通客流热潮、周五晚高峰客流、周末参观客流和商圈聚集客流、周一早高峰上班客流等数次高峰客流的“冲击”，方正国际实施的轨道交通 AFC 系统“兵来将挡水来土掩”，平稳运营安然无恙，有效保障了郑州地铁 2 号线的顺利开通和运行，也获得了客户的高度评价和市民的普遍欢迎。

从 2014 年 8 月中标郑州地铁 2 号线 AFC 系统项目，到 2016 年 8 月正式开通运营，整整两年时间。在这两年里，涵盖

fig.8-1 郑州地铁 2 号线开通照片

了工程、采购、软件开发、系统测试、项目集成等多方面人员的方正国际轨道交通 AFC 系统项目团队勤勤恳恳，两年如一日，部门间通力协作，积极支持。在项目经理管宏的带领下，现场项目经理郑龙、开发经理孟昭云、测试经理谷岩、采购经理金玲等带领部门各方面人员通力协作，骨干人员郑先乐、储云飞、郭智敏、刘瑞力、王波、原野、杨晨等全程兼项参与项目，后期测试部门经理陈宪旖到现场统领现场测试，工程人员高鹏飞、王孝宇长期在现场监督管理施工、供货、安装调试，后期进入公司的本地工作人员郭红莆、董磊快速融入团队并发挥了重要的作用。另外还有李海峰、郑佳等人在承担西安轨道交通 ACC 系统项目的过程中，多次抽空来郑州地铁 2 号线 AFC 系统项目现场提供支持。为了郑州地铁 2 号线 AFC 系统项目顺利开展，方正国际可谓派出了所有精锐，全员上阵。在线路开通运营前，方正国际轨道交通 AFC 系统项目团队废寝忘食，精益求精，不放过一处盲点，不敢有一丝懈怠，最终换来了线路开通后的“平静”——“平静中的辉煌”。

有感于“两年磨一剑”的历程，连刚深有感慨：“我们是闪电，用光芒照耀开通的一瞬间。孕育能量的过程可能无人知晓它的艰难，当雷声唤醒众人的时候，我们已踏上新的征程。”至此，方正国际继顺利完成郑州地铁 1 号线 AFC 系统项目之后，又成功实施了郑州地铁 2 号线 AFC 系统项目，一纵一横，都刻下了方正国际的名字，刻下了方正国际轨道交通 AFC 系统的名字。

也许有人会诧异于“平静中的辉煌”这个说法，一个平淡无奇静默无闻的“平静”怎么会和一个惊天动地璀璨夺目的“辉煌”合在一起来说？但在轨道交通 AFC 系统建设运营中，能在开通后平平静静安然待命便是一种最大的成功，也是对前期实施工作和产品质量的最大认可，这就是一种成就，一种辉煌。行业中多少人期待这种“平静中的辉煌”，不说别的，对于这帮常年因为项目需要而不得不倒时差的同仁来说，至少在这会可以做一个清梦了。然后，再继续踏上新的征程。

而连刚在开通后也是这么说的：“在我看来，对任何一个工程项目或软件项目而言，其实，‘平静’才能衬托出真正的‘辉煌’！这是我开通

fig.8-3 亲自上阵的连刚

fig.8-2 方正国际郑州地铁 2 号线项目团队合影

前的感受，开通当日的感受，也是开通72小时后现在的感受。‘平静’中铸造‘辉煌’，不正是成功项目最具标志性的特征吗？！让我们一起为‘平静’喝彩，让我们一起为‘平静中的辉煌’干杯！”

所以，在方正国际轨道交通AFC系统团队的那本“数学教科书”上，平静=辉煌！

“互联网+售票”的开始——“云购票”

21世纪的第二个十年，无疑是社会飞速发展的时代。“互联网+”时代的到来让移动支付瞬间席卷全国，纸币（含金属货币）这个流通中国数千年的“庞然大物”逐渐走下了神坛。移动支付正在颠覆传统的商业模式和消费习惯，微信、支付宝等支付手段越来越普遍。这种势头逐渐走进了轨道交通，走进了地铁。

面对“互联网+”时代的兴起和地铁高客运量的压力，传统地铁售检票方式已越来越不能满足广大市民的需求，“不想带现金、不想找零、厌烦排队”，支付方式的转变更是提起了乘客的胃口，互联网购票的需求也越来越大。如何让地铁购票搭上“互联网+”的快车，变得更方便、快捷，一时成为轨道交通AFC行业探讨的一个热点，这一次，作为我国首家轨道交通AFC系统服务商，方正国际再次走在了前列。

“世界在变，创新不变”是北大方正的核心价值观之一，作为方正信息产业集团旗下的重要企业，方正国际显然也继承了这一点。在深耕传统轨道交通AFC系统技术的基础上，方正国际一直以来也在不断探索新的支付方式，包括微信支付、支付宝支付、云闸机、NFC 支付、信用支付等，每年投入一定的人力、物力和财力进行研发。当时的方正国际总裁周大良，更是公司“互联网 +AFC”的大力推动者。

2015 年，在由发改委、住建部、工信部、科技部等八部委牵头举办的中国智慧城市国际博览会上，方正国际扫二维码乘车和 NFC 支付乘车这两项尚未正式推出的产品进行了展示，一时成为小小热点。在实施郑州地铁 1 号线 AFC 系统工程的时候，郑州地铁初步提出了“互联网 + 售票”的相关需求，这与方正国际的想法多少有点不谋而合，“互联网 +AFC”有了一个绝佳的实验基地。放眼当时国内轨道交通 AFC 行业，除了广州、深圳等城市地铁开始探索“互联网 +AFC”外，鲜有案例。

说干就干，经过前期的对接沟通，方正国际和郑州地铁业主方决定先在郑州地铁 1 号线启动“云购票”，此时的方正国际还在同时实施郑州地铁 2 号线 AFC 系统。项目从 2015 年年底启动，对方正国际轨道交通 AFC 系统业务团队来说，由于此前就一直在研究这块领域，技术上实施起来并不是非常复杂，如今业主方有相关需求，实施起来就更加顺畅了。因此，到了 2016 年 1 月底，在双方的共同努力下，郑州地铁云购票这个产品就基本上成型了。

2016 年 2 月 1 日，为扩大宣传，对乘客“广而告之”，郑州地铁互联网购票服务启动仪式在郑州地铁 1 号线二七广场站举行。郑州市轨道交通有限公司总工程师、党委书记兼总经理夏景辉与方正国际副总裁邓伟共同为“郑州地铁互联网购票机”揭牌，标志着由双方携手打造的智慧交通信息惠民工程——郑州地铁云购票正式上线，郑州地铁也成为当时国内率先开通互联网 + 售票的少数几个城市地铁之一。

从体验上来看，郑州地铁云购票上线后，乘客可轻松实现线上买票、线下取票，从而免去诸如排队、找零、无现金等的购票烦恼，大大节省购票时间成本，也将有效缓解不断增高的客运量带来的购票压力。

具体的操作方法是，乘客通过手机下载 APP“郑州地铁云购票”，提前勾选起点站和终点站，支付成功后系统将自动生成一个取票凭证二维码，乘客凭二维码至起点站“互联网购票机”上轻轻一扫，即可取票，然后通过刷卡进站，简单实用。

在支付方式上，郑州地铁云购票支持支付宝、微信等主流支付手段，同时，郑州地铁云购票设置了 7 天的取票时限，逾期未取车票，系统将自动按原有支付渠道退款给乘客，这也是郑州地铁云购票相对于传统模式的一大亮点。云购票上线之后颇受欢迎，短短两个小时内西流湖站即有近 400 张的取票量，

fig.8-4 方正国际出席郑州地铁互联网购票服务启动仪式

乘客普遍给予好评，这个数量可以说出乎了很多人的意料，充分表明了移动支付的需求和趋势，考虑到当时只开通部分站点的情况，这个数据就更加难得了。

尽管相对以往取得了巨大进步，但由于是初步尝试，所以在这版郑州地铁互联网售票产品中，首先实现的只是线上售票，乘客还需要线下取票这一道环节。其次，第一批开放上线的也只有郑州地铁客流密集的五个车站，即郑州东站、会展中心站、二七广场站、碧沙岗站和西流湖站，暂时还没有全线推行。第三，因为从提议到开通，时间较为仓促——方正国际和郑州地铁业主方特地赶在 2016 年春节前开通云购票，是出于春运高峰缓解客流压力和给予乘客更多便利的考虑，多一个购票渠道的背后，也是多了一分用心——由此带来美中不足的是，这次郑州地铁云购票暂时只支持 Android 智能手机，支持 IOS 苹果系统的应用和微信公众号购票的服务还得在 2016 年春节后才能陆续上线。

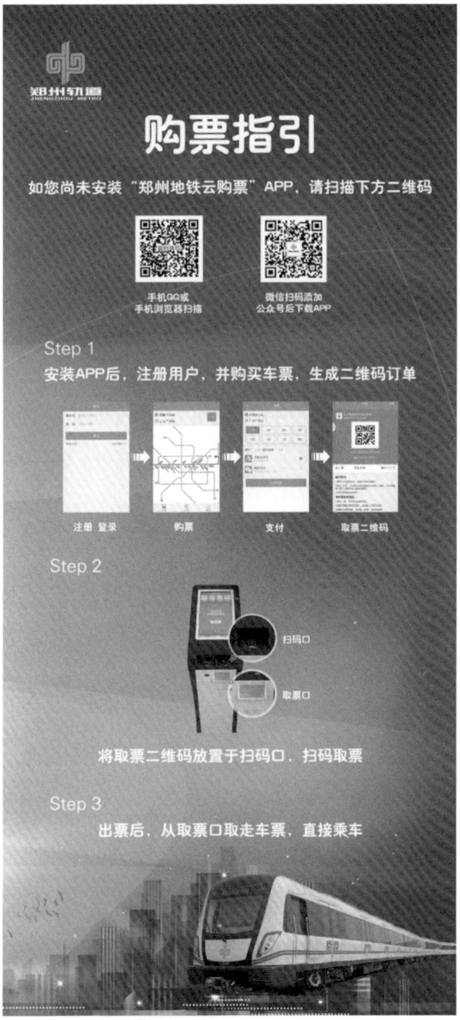

fig.8-5 郑州地铁云购票指南

其实这跟小孩子学走路差不多一个道理，先学会爬再学会走路然后才能四处跑动，对轨道交通 AFC 系统领域来说，“互

联网 +AFC”是一个新事物，原本封闭的轨道交通 AFC 系统接入互联网是否会产生不良影响尚未可知，何况当时国内并无太多成功的经验可资借鉴，循序渐进总是稳妥的。

此次郑州地铁云购票服务从启动到上线，方正国际轨道交通 AFC 系统项目团队敢为天下先，由高伟、管宏、郭智敏、刘云江、章涛、孟昭云、郑龙、伍秀平、郭红莆等组成的设计团队、开发团队、测试团队、工程实施团队，用时不到两个月即完成，再次验证了其在行业内领先的技术实力和工程实施实战能力。郑州地铁云购票上线后，互联网购票系统与原有的 AFC 系统相辅相成，形成了 1 + 1 > 2 的合力，可以说是全方位提升了郑州地铁的整体服务水平。

在这次郑州地铁互联网购票服务启动仪式上，邓伟还表示，接下来方正国际轨道交通 AFC 系统业务团队还将联合郑州地铁业主方，探讨手机 NFC 刷卡进站、银行卡应用、云闸机以及信

fig.8-6 方正国际郑州地铁项目团队小试牛刀

用支付等各种新型、高科技、前卫的乘车服务方式，以期进一步提升广大市民的地铁出行体验。

从微信 & 支付宝购票到扫码支付

前面邓伟说起这话的时候，方正国际轨道交通 AFC 系统项目团队早已在埋头研发的路上。

在统一的云架构平台上，方正国际轨道交通 AFC 系统项目团队于 2016 年 5 月在郑州地铁推出了适配苹果机型的云购票 APP，至此郑州地铁云购票基本覆盖了主流手机系统。

但云购票只是第一步，在郑州地铁互联网购票服务启动仪式过了整整 4 个月后，也就是 2016 年 6 月 1 日这天，方正国际轨道交通 AFC 系统项目团队正式打通了微信、支付宝"任督二脉"，实现郑州地铁 1 号线微信、支付宝的移动支付网上购票，并正式对外实施，在原有云购票 APP 基础上再进一步。

相对于云购票来说，这次微信和支付宝网上售票最大的特点就是无需下载手机 APP，只需通过微信或支付宝即可完成线上购票，具体的步骤如下。

微信关注"郑州地铁"公众号，点击"云购票—在线购票"，即可轻松实现线上购票；支付宝用户可直接进入"城市服务"（郑州站），点击"地铁购票"完成购买。微信、支付宝完成购票后将生成一个二维码，后面的程序与云购票一致，市民凭二维码到地铁站的"互联网购票机"上取票进站。逾期未取，票款也将自动退还。

fig.8-7 方正国际助推地铁购票“微信支付宝时代”来临

同时，相对于云购票只开放了郑州东站、会展中心站、二七广场站、碧沙岗站和西流湖站，此次微信和支付宝网上售票还陆续在市体育中心等客流密集站点安装了“互联网购票机”，并逐步实现郑州地铁 1 号线全线站点 O2O 覆盖。

通过微信和支付宝网上售票，方正国际在郑州地铁 1 号线实现了与当前主流移动支付手段的无缝对接。当然，这也只是第二步。

时隔不到一个月，2016 年 6 月 23 日，在云购票、微信和支付宝网上购票之后，方正国际携手郑州地铁再推新品——全国首家 TVM（自动售票机）扫码支付应用，再创国内第一！

如果说之前的云购票、微信和支付宝网上售票更偏于线上的话，那么这次 TVM 扫码支付应用则相对更接地气。乘客在地铁自动售票机上选择完车票后，拿出手机使用微信或支付宝扫一扫，即可轻松完成支付购票，全程实现了无现金交易，大大减少了乘客提前准备纸币硬币零钱的麻烦。乘客在事先不知道

fig.8-8　方正国际在郑州地铁推出全国首例 *iTVM* 扫码支付应用

云购票、微信和支付宝网上售票途径的情况下，也能通过移动支付完成地铁票的购买，从而大大提升出行效率和体验。

同时，为更大化方便乘客，全方位考虑乘客的需求，方正国际在郑州地铁自动售票机上还提供了“输入票号直接取票”的服务，与之前的云购票 APP、微信、支付宝购票实现无缝衔接，通过互联网购票之后凭借生成的取票号也能轻松完成取票流程。

另外，相对于此前云购票只覆盖 5 个地铁站，此次方正国际在郑州地铁 1 号线全线 20 个站均设置了自动售票机支持移动支付和互联网支付取票，从而最终实现了郑州地铁 1 号线移动支付购票的全线覆盖。

以往郑州地铁购票，在售票窗口和自动售票机前排队购买是常态，市民常常为需要准备零钱、接受硬币找零、排队耗时等情况烦恼，在先后实施“云购票”、微信和支付宝网上购票、TVM 扫码支付应用之后，移动支付让上述烦恼逐渐消失不见。

从“云购票”到微信和支付宝网上售票，再到国内首例 iTVM（即

“互联网 +TVM”）应用，方正国际在郑州地铁 1 号线互联网购票实现三级连跳，使得郑州地铁在国内首批迈入“互联网 + 购票”时代。在同时还在实施郑州地铁 2 号线 AFC 系统项目的情况下，方正国际轨道交通 AFC 系统项目团队全程用时不到半年，既体现了方正国际提前布局的前瞻性，也展示了方正国际充分考虑客户需求快速响应的优势，更再度彰显方正国际作为我国首家轨道交通 AFC 系统服务提供商之一在业内的领先技术。

有鉴于移动支付的迅猛发展和互联网售票的逐步兴起，2016 年 3 月，由陈凤敏女士牵头的《城市轨道交通自动售检票系统工程质量验收规范》国家标准管理组（即 AFC 国标组），组织在厦门召开了一次轨道交通 AFC 系统支付技术发展（小型）研讨会，专题讨论互联网购票“狼来了”的形势。作为郑州地铁互联网购票的具体实施单位，方正国际应邀出席，并在会上进行了案例分享，当时方正国际还仅仅实施了云购票，也是会上仅有的三家分享代表之一。经过一番探讨交流，会议一致认为互联网购票是轨道交通 AFC 系统未来发展的一个新趋势、新方向，同时也认为互联网购票是对传统轨道交通 AFC 系统的一大冲击，行业间要多沟通、多交流，产业部门也要在合适的情况下展开合作，形成拳头力量，共同应对挑战，实现既不危害轨道交通 AFC 系统又紧跟时代发展趋势的目标。

在这一年 9 月 21 日、22 日在泉城济南召开的行业盛会即第十三届 AFC 论坛上，行业各界也以“互联网 + 下的 AFC 技术走向”开展了大讨论。可以看出，面对“互联网 +”的迅猛势头，轨道交通 AFC 行业不可避免地也要迎来“互联网 +”的新技术变革，许多城市轨道交通都在上马互联网支付或准备实施互联网支付。

在这块领域，方正国际可谓走在了前面，也积累了丰富的经验。

这不，到这个农历年底的时候，方正国际又在郑州地铁放了个大招！

真正的刷手机乘地铁——“云闸机”

那是 2016 年年底 2017 年年初，春节年关将近。

在这一年一度的春运高峰即将到来的时候，方正国际轨道交通 AFC 系统业务团队的工程师们又在思索新的问题。在地铁已成为大都市出行标配的时代，如何最大程度地缩短乘客的乘坐时间？提前预备零钱？排队购票的时间比乘坐地铁的时间还长？即便是互联网购票，还是可能会遇到排队取票的等待——虽然等待时间较之传统的购票会短。这些都是当时乘坐地铁可能面对的困扰。

“生命不息，前进不止。”为进一步提升地铁互联网售票的效率，更大程度方便市民出行，在云购票、微信和支付宝网上购票、TVM 扫码购票之后，2017 年 1 月 25 日，方正国际携手郑州地铁、支付宝，推出了“云闸机”。这一次，方正国际在郑州地铁一步实现了刷手机即可乘坐地铁，免去诸如买票、排队、找零、取票等之前的一系列手续。

“云闸机”是方正国际轨道交通 AFC 系统业务团队这一年多来在郑州地铁结合传统 AFC 技术与“互联网 +”时代需求的又一亮点产品。他们临近年关仍坚持奋战，最终赶在春节前上线。

与传统轨道交通 AFC 系统闸机不同，“云闸机”免去了乘

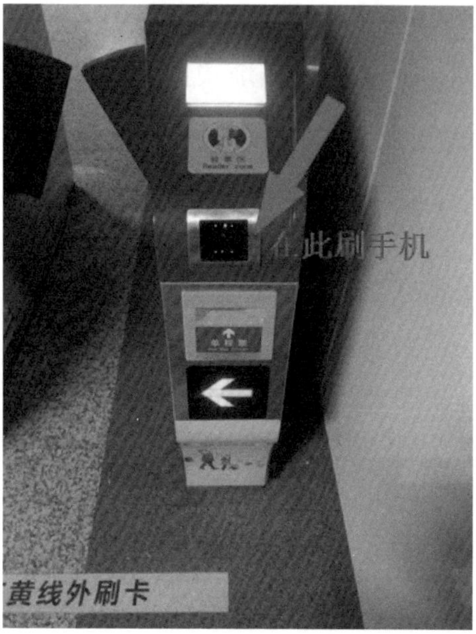

fig.8-9 郑州地铁上线云闸机

客通过人工售票窗口、自助售票机等购票的环节，也省去了此前微信、支付宝购票需要在地铁站取票的流程。简而言之，“云闸机”直接 pass 掉买票这一环节，乘客通过预先在手机上开通获得的“云闸机”乘车二维码即可直接刷码进出站，先扫码乘车后付费，实现全流程的电子化，大大提升了乘客乘坐地铁出行的效率。这一技术也是从云购票 APP 到微信、支付宝，再到国内首例 iTVM 应用之后，方正国际在业内实现的又一创举。

有了“云闸机”之后，出门忘带交通卡、没有零线买地铁票、购票还要排长队等等这些平时坐地铁遭遇的尴尬时刻，都能迎刃而解！具体的使用方法，是跟支付宝绑定的：第一步，打开支付宝应用，找到郑州的“城市服务”或直接扫描郑州地铁站内张贴的支付宝二维码进入“城市服务”；第二步，点击“地铁购票”，在该页面点击“云闸机乘车码”即可直接获得“我的乘车码”（初次使用需要完成相应的授权才能够获得“我的乘车码”）；第三步，凭此乘车二维码在“云闸机”的扫码摄像头上轻轻一扫便可进站或出站。

现如今在全国很多城市地铁和公交，“云闸机”之类的产品已经屡见不鲜，但它最开始出现，是在郑州地铁。

与刚开始推出云购票差不多，略显美中不足的是，这次方正国际协同郑州地铁上线的“云闸机”，暂时只在郑州地铁 1 号线“郑州东站”和“二七广场站”这两站开放使用，后期将逐步推广至线网内各站。在春运高峰期间，选择地铁出行的乘客通过刷手机进出站，对郑州东站和二七广场这两大重要枢纽站点来说，其客流拥堵将得到进一步的缓解，“让回家乘客早一刻钟到家”！

在郑州地铁轨道交通 AFC 系统项目中，方正国际多次选在元旦、春运等客流量高峰的时候开通或推出新产品，一方面可能是郑州轨道交通的整体安排，另一方面也从侧面反映出方正国际对自身技术的充分自信。事实证明，方正国际的创新是成功的，也是值得的。郑州地铁 2 号线开通时，郑州地铁互联网售票成就了国内第一个达到日互联网支付购票占单程票购票总量 15%～20%的城市地铁，在当时这一数字远远高出其他城市地铁。

这一点，从后来携手北京地铁官方在北京推行“互联网 + 地铁”的易通行团队成员就能略窥一二。如今已是北京如易行科技

fig.8-10 相比传统购票机，互联网购票可有效缓解排队压力

有限公司（主要产品即易通行）核心层的高伟、骨干孟昭云等多人，正是方正当年在郑州推行“互联网 + 售票”这一系列动作的主要负责人之一和部分重要骨干。不得不说的是，这也延续了方正国际为北京地铁贡献人才的传统，也是方正国际为轨道交通 AFC 行业做的一大贡献。

在郑州地铁谱写“三部曲”

在实施“互联网 +AFC”的同时，方正国际轨道交通 AFC 系统业务团队还在实施公司在郑州的第三条地铁线路——郑州地铁城郊线一期（也称机场线）的 AFC 系统项目。中标的时候是 2015 年 10 月，当时还有郑州地铁 1 号线二期 AFC 系统项目打包在一起，至此，方正国际在郑州实现了三连中，真正把郑州发展成为公司继北京之后的一个大根据地。

郑州地铁城郊线一期北起十八里河站，南至新郑机场站，连接郑州地铁 2 号线，线路一旦开通，不仅将实现郑州市的空铁联运，郑州市中心城区与新郑机场之间的公共交通时间也将压缩至 1 小时以内——从城区紫荆山站至新郑机场站的地铁最短时间仅为 59 分 30 秒，这对于郑州市民机场出行的意义是极为重大的。

在 2016 年 8 月 19 日“两年磨一剑”顺利完成郑州地铁 2 号线 AFC 系统工程后，方正国际轨道交通 AFC 系统项目团队一刻也不敢耽误，一丝也不敢放松，马不停蹄地分兵投入郑州地铁城郊线一期 AFC 系统项目中。这一次，轻车熟路的他们，从盛夏到寒冬，用了不到半年时间。

严格地说，是不到5个月时间。2017年1月12日，郑州地铁城郊线一期正式开通运营。“投我以木桃，报之以琼琚”，与郑州地铁1号线、2号线这前两条线路开通时一样，方正国际再度报以高效、稳定的完美表现。线路开通一周以来，面对周四开通客流热潮、周五晚高峰客流、周末参观客流、周一早高峰上班客流、机场到城区往返客流等数次高峰客流的冲击，方正国际轨道交通AFC系统一如既往，确保线路顺利运行，获得郑州地铁业主方和广大市民的肯定。

项目顺利完成的背后，是方正国际轨道交通AFC系统项目团队半年如一日的兢兢业业、精益求精、通力协作，换作任何一个其他团队都不会有如此的高效。在正式开通前，郑伟、连刚等一干高层赴现场鼓劲，项目团队加班加点，测试、升级、安装、检查，一丝不苟，上下一心，终于再次书写了郑州地铁线路顺利开通之“平静中的辉煌”。

线路开通后，方正国际“著名诗人”连刚再度赋诗一首以示纪念：

fig.8-11 郑州地铁城郊线一期开通照片

携手同行

坦诚相待筑友情，换位思考博真心。
宽以待人严律己，携手并肩同船行。
好谋以成临事惧，步步慎对满盘赢。
唯有雄心多壮志，务实进取天下惊！

“务实进取天下惊！”也许是吧，至少在郑州这几年的摸爬滚打，让方正国际在中原大地上有了一个新的支点，而这个支点，正如古希腊著名科学家阿基米德说的“给我一个支点，我就能撬起整个地球”那样，“给方正国际一个支点，他真的就能撬起整个中原大地的轨道交通 AFC 系统市场”。

撬动市场有时候需要的不仅仅是技术，更是态度。

方正国际轨道交通 AFC 系统项目团队在郑州地铁完成三条线路的 AFC 系统项目“三部曲”，技术很重要，而“想客户之所想、急客户之所急”，及时响应客户需求更为重要。前面实施“互联网 +AFC”是生动案例，方正国际轨道交通 AFC 系统项目团队在短短不到一年半的时间里，先后完成了“云购票”、微信和支付宝网上购票、TVM 扫码支付应用、“云闸机”四个重要成果，在没有多少先例可以参考的情况下，效率、质量都令人叹为观止，尤其是与此同时还先后在实施郑州地铁 2 号线、郑州地铁城郊线一期 AFC 系统项目。

响应客户需求还体现在协助应对各种突发情况，2016 年年底的这场大雪就是其中一例。

2016 年 11 月 21 日夜里至 22 日下午 17 点 25 分，从西伯利亚来的寒潮突袭华北，郑州等地发布暴雪红色预警，郑州市区降雪量一度达到 15 毫米。

大雪封路，地面湿滑，交通拥堵，在出行成为一道难题的时候，地铁瞬间成为许多郑州市民出门的首选。于是，从 11 月 21 日开始的那两天，郑州地铁迎来“春运般”的高峰客流压力，这种客流量是瞬间的、突发的，也是超高的。在这种情况下，为保障市民顺利出行，郑州地铁通过全日增开 36 列次列车、延长运营时间至 24 点等方式缓解客流压力。在这个过程中，方正国际轨道交通 AFC 系统项目团队也主动加班，全天候坚守，以策万全，最终也顺利保障了郑州地铁 1、2 号线的平稳运行。

在此次高峰客流中，方正国际轨道交通 AFC 系统项目团队研发的互联网购票方式也派上了大用场。11 月 22 日当天客流高峰期，互联网售票量达 7000 张 / 小时，市民在手机端购票后直接现场扫码取票，从购票环节上有效缓解了排队购票的拥堵情况。

在如此突如其来的恶劣天气和高峰人流的冲击下，据郑州地铁官方微博报道：“22 日，郑州地铁运行平稳有序，保障了比往常激增 50% 人次的顺利出行。”而后来的统计数据表明，11 月 22 日，郑州地铁 1、2 号线当日客运量为 739 193 人次，较以往日均客流量增长 50%！其中紫荆山站客运量达到 17 万人次，较以往日均客流量增加近 100%！在此情况下，方正国际轨道交通 AFC 系统继续“稳定卖萌”。

而在“卖萌”之后，方正国际轨道交通 AFC 系统项目团队转身又埋头进入将于一个多月后开通的郑州地铁城郊线一期，以及两个多月后实施的郑州地铁“云闸机”项目之中。

第 9 章
爆发：国内外连下数城

北京根据地市场的稳固，加上郑州地铁项目品牌效应的有力支点，让方正国际撬动了更多的市场机会，也让方正国际轨道交通 AFC 系统业务迎来 2017 年的全面爆发。

厚积薄发的背后

从 2003 年与日本欧姆龙株式会社合作开展轨道交通 AFC 系统研发以来，方正国际见证了我国轨道交通 AFC 行业的发展，期间有过辉煌，也有过波折。辉煌是看得见的，方正国际不仅研发出具有自身特色的轨道交通 AFC 系统，还拥有众多成功案例，这些案例包括北京地铁 5 号线、北京地铁亦庄线、西安地铁 2 号线、天津地铁 2 号线、沈阳地铁 2 号线、郑州地铁 1 号线、郑州地铁 2 号线、郑州地铁城郊线等多条国内地铁线路，还包括阿联酋迪拜棕榈岛线、澳门轻轨这种国际高端项目案例；既有乌鲁木齐 BRT 的“另类战场”，还在郑州地铁率先实施了“互联网 +AFC”，引领行业发展潮流。但在这过程中，因为行业市场、外部环境等因素的变化，也一度处于发展的拐点，但最终还是挺过来了，并等来了行业发展的春天。

厚积薄发，在稳固了北京根据地市场、打造郑州品牌市场、拓展外围城市市场之后，方正国际在 2017 年迎来了一个小小的爆发。

这个爆发有点“突然”，除了业务团队的努力付出因素外，也着实体现了方正国际深耕轨道交通 AFC 行业近 15 年能量的释放。

时间拉近一点来看，可以从近几年方正国际在轨道交通 AFC 系统业务的发力开始说起。

现任方正国际副总裁邓伟在 2014 年接过方正国际轨道交通 AFC 系统业务的“权柄”后，按照“一年一个主题”的思路深耕业务，努力扭转局面。

2014 年，“南湖会议”之后成为轨道交通 AFC 行业联谊会首任轮值主席的邓伟，才刚刚执掌方正国际智慧交通事业部没有多久，这一年的工作主要是熟悉业务，做好“外交”，协助陈凤敏女士等一帮行业资深前辈净化市场。他组织过几次会议，联络了几次行业大佬共商大计，研讨了行业现状和未来发展趋势，取得的成果也是显而易见的，这一点也得到了陈凤敏等人的赞赏。当然，他来这里的初衷也没忘，但是在当时的大环境下，这块业务根本找不到“接盘侠”。无奈，他边看边想边做，摸着石头过河总好过守株待兔，由此度过了 2014 年年底、2015 年年初的那次风波，相安无事地到了 2015 年。

2015 年，弄清楚状况之后的邓伟下决心做的一件事是“强化内功”。这个内功怎么强化？以往方正国际轨道交通 AFC 系统业务业绩好一年坏一年的又一个重要原因就是交付能力欠佳，当时部门 120 余人，仅能同时交付 1—2 条线路，在这种情况下，即便项目中标也无人可用，而一旦招兵买马，成本迅速提升的同时必然难以保障利润，于是这块业务陷入僵局，有点当一天和尚撞一天钟的味道。能不能进一步实现业务产品化，提升交付能力呢？就此方正国际总办会会议上讨论过好几次，吴建英总裁也非常重视，却一时找不到合适的切入点。上天总是眷顾有准备的人，也算是一种机缘，赶上了北京市科委的重点项目——统一架构的轨道交通 AFC 系统研发项目，也即 ASF（框架性 AFC 系统）项目。项目旨在应对全国轨道交通建设的高峰要求，进行架构式开发和研究更高稳定性的轨道交通 AFC 系统。这对方正国际来说是一次很好的机会，邓伟为此抽调交通事业部的一些人专门围绕这个项目去做产品化工作。等到北京市科委的项目结束之后，方正国际交通部门不到 80 人的团队，交付能力已经提升到 5—6 条，较之以往，增加了好几倍，这无疑大大释放了生产力。正如马克思主义政治经济学的道理，有了“剩余价值”，才能扩充业务。

2016 年，有产品化做基础的邓伟下决心做的一件事是“互联网 +”。2015 年，广州和深圳已经逐步上线了“互联网 +”地铁售票功能，而此时的社会大趋势是移动支付正如洪水猛兽般冲击着整个世界。在 IT 世界，落后意味着残羹剩饭甚至是没饭吃，提前布局“互联网 +”地铁售票是值得下注的一件大事。正好方正国际当时负责的郑州地铁 AFC 系统项目有这个需求，双方一拍即合，当即决定付诸实施。2016 年 2 月 1 日，郑州地铁互联网购票服务启动仪式在郑州地铁 1 号线二七广场站举行，邓伟与郑州市轨道交通有限公司总工程师、党委书记兼总经理夏景辉共同为“郑州地铁互联网购票机”揭牌，标志着由双方携手打造的智慧交通信息惠民工程——郑州地铁云购票正式上线。此后，方正国际又在短短半年内开发了微信、支付宝售票和国内首例 iTVM 应用（扫码支付），郑州地铁一下成为国内“互联网 +”地铁售票的先锋。

事后邓伟算了一笔账，从技术上讲，“互联网+”地铁售票没有太大的难度，主要取决于轨道交通业主的态度（当然后面大众的需求间接加速推动了这一进程）；从财务上讲，做“互联网+”地铁售票项目并没有直接带来业绩，甚至在某种程度上是亏钱的，但有时候人必须“有所失才有所得”“舍不得孩子套不着狼”，因为从意义上讲，这是一场“事后诸葛亮”必赢的落子。当时的郑州地铁上线了TVM扫码购票之后，关闭了一些TVM的现金支付功能，但第一天TVM就卖出180多张票，远超预期，充分证明了市场无现金使用的需求之高，也证明了“互联网+”的路子是对的。其结果是，不仅让郑州地铁业主方下定了决心继续推广“互联网+”地铁售票，也让邓伟更加清晰了方正国际轨道交通AFC系统业务的定位，即“新一代轨道交通AFC系统”。传统轨道交通AFC系统更多的只是满足售票功能，新一代轨道交通AFC系统要在这个基础上研究如何实现方便乘客购票的功能。如果能实现这个功能，不仅能迎合地铁业主方的核心需求指标，甚至还会革一些周边厂商的命——技术进步必然会革一些人的命，“减少零钱”就是“互联网+”地铁售票“革命”的动力。

到了2017年，逐渐上路的邓伟下决心做的一件事是“信息安全”。这一年，国家颁布了《网络安全法》，信息安全成为一大热点，而接入了“互联网+”的轨道交通AFC系统也面临着信息安全的问题，无论是对地铁公司还是对乘客而言，都是必要也是必须的。为此，方正国际主动应变，携手中国城市轨道交通协会推动轨道交通安全标准制定。中国城市轨道交通协会的主要宗旨是遵守法规、加强自律，发挥桥梁纽带作用，竭诚为政府企业服务，推动行业科学发展。方正国际充分发挥自身在 AFC 领域的知识、经验（包括在业务数据运营和安全运营等方面的深刻理解），投入多人参与这个行业信息安全标准的制定，同时积极学习各方面的经验，促进方正国际在保持技术领先的基础上进一步占据行业制高点。此外，方正国际还在公司内部成立了信息安全实验室，进一步推动轨道交通 AFC 系统国产、自主、可控，这也有助于方正国际在轨道交通 AFC 行业的长远发展。当然，2017 年方正国际在国内外轨道交通 AFC 系统市场全面爆发，不得不说也是水到渠成的结果。

2017 年，邓伟因工作需要同时主管公司公安、交通、刑侦、金融等多个事业部，不再兼任交通事业部总经理，原交通事业部解决方案中心的负责人、也是当年新疆乌鲁木齐 BRT 项目的项目经理胡军，从 2017 年开始逐步主管整个事业部的工作，轨道交通 AFC 系统业务自是其中的核心。对于 2017 年的这次“小小的爆发”，胡军言简意赅：一“内”一“外”。

先说外部因素，2017 年前后，国内轨道交通建设迎来又一波建设高潮，全国多个城市启动轨道交通建设，轨道交通 AFC 系统的行业市场自然而然也大了，“蛋糕大了，总能分上几块”，有道是“否极”了也有“泰来”的时候。

虽说“瞎猫也能碰上死耗子”，但内部因素永远是最关键的。方正国际轨道交通 AFC 系统业务团队自组建以来，虽然也有进进出出，但核心圈非常稳定，一直以来也有着非常强的凝聚力、向心力和学习创新能力，在技术研发有着多年的积累和传承，整个业务的经营方向大体上也是对的——坚持走正确的路总有成功的那一天！郑州地铁 AFC 项目之后，方正国际南下的步伐也在逐步加快，在 2017 年这一年，方正国际交通事业部开始逐步实施区域化拓展和经营策略，成立区域公司，组建区域团队，尤其是组织成立了“南方区”，抽调精兵强将组建了专门的市场团队去攻城拔寨。面对广阔的市场，以顶尖技术和丰富案例为基石，组建强悍的团队，2017 年的爆发才成为一种可能。

fig.9-1 郑伟在郑州轨道交通城郊线开通现场

fig.9-2 方正国际交通业务团队红色团建合影

爆发的前奏——重庆轨道交通 5 号线

能量的释放是逐步的。有道是“蜀道难，难于上青天”，在 2017 年之前，方正国际先叩开了重庆轨道交通 AFC 系统市场的大门。

2016 年 7 月，方正国际成功中标重庆轨道交通 5 号线一期 AFC 系统项目。这是重庆市一条南北向的骨干线路，北起渝北区园博中心站，途经鸳鸯、人和、冉家坝等重要聚居区，南止于江北区大石坝站，全长 16.42 公里，共设车站 10 座。线路计划在 2017 年 12 月底开通运营，这也是全球首条可实现城市轨道交通互联互通的地铁线路——又是一个“首个”。

为实施好这个意义重大的重庆轨道交通 5 号线项目，方正国际也做了大量准备工作，组织召开或积极参与了多次设计联络会，充分沟通了解重庆地铁业主方需求，针对实际工作中可能遇到的问题进行了一一剖析。2016 年 12 月在苏州召开的第二次重庆轨道交通 5 号线一期 AFC 系统设计联络会、2017 年 2 月开展的重庆轨道交通 5 号线一期 AFC 系统设备样机检验都取得了很好的效果。

但有一个意想不到的情况，多少让方正国际轨道交通 AFC 系统项目团队一时间“愣住了”，那就是重庆轨道交通 5 号线 AFC 系统项目的工作环境让人真正体会到了什么是“山”城重庆——山峰的山，大写的山！

项目后期，重庆轨道交通 5 号线的基础设施尚未完工，方正国际负责的轨道交通 AFC 系统工程已经开始驻场实施。由于重庆轨道交通 5 号线地下没有信号，每次项目团队在测试联络时都要爬上地面去接收信号，结束后又从地面上走下来进行调试。这个工作听起来倒也稀松平常——不就是上下楼嘛？！但恐怖的是，从地面到地下项目现场有 10 层楼的高度，而当时尚未开通电梯，连接地面地下的通道只有楼梯！也就是说，有那么一段时间，项目团队要来来回回爬上爬下这 10 层楼，关键还不是爬一次两次，每个人一天平均要爬上爬下多达 10 余次。

fig.9-3 重庆轨道交通 5 号线施工现场图

乘客平时坐地铁一般都是乘坐电梯上下出入，应该没有什么机会体验这种艰辛。一般人平时爬个三四层楼都气喘吁吁，6 层楼以上毫无例外都选择电梯，何况这种 10 层楼乘以 10 次，但这就是当时施工现场的无奈现实。“你爬，或者不爬，它就在那里，不悲不喜。”面对如此“囧境”，方正国际轨道交通 AFC 系统项目团队成员苦中作乐，“敢上九天揽明月，敢下地底敲键盘”，仍然按照计划稳步推进各项工作。这真的也算是方正国际轨道交通 AFC 系统业务这么多年来的又一个“饭后谈资”，而且让人回味无穷。

即便是如此“艰苦”的实施环境，方正国际在重庆轨道交通 5 号线一期 AFC 系统项目中仍然打造出一个个亮点，其中最出彩的是在采用国产化数据库软件方面迈出了坚实的一步。

方正国际在重庆轨道交通 5 号线的整套 AFC 系统中采用了

南大通用的国产数据库 GBASE 作为基础数据库，这是我国轨道交通 AFC 行业里的一次创新应用，不仅展现了方正国际的坚实功力，也又一次走在了行业的前列。

成立于 2004 年的南大通用，全称天津南大通用数据技术股份有限公司，目前已经成长为我国国产数据库、大数据领域的知名企业，其数据库产品已成功应用于全球 30 多个国家的金融、电信、政务、国防、企事业等领域的上万个用户。方正国际与南大通用保持着良好的合作关系，双方之前在金融等行业信息化便开展了深入合作，此次方正国际在重庆轨道交通 5 号线 AFC 系统项目中采用南大通用的产品，更为行业国产化发展践行了又一次有益的尝试。

进入“九省通衢”大市场

重庆地铁 5 号线是方正国际轨道交通 AFC 系统业务进一步南进的里程碑，进入 2017 年后，这股南进的势头更加迅猛。

2017 年 6 月，从郑州往南、从重庆往东的“九省通衢”武汉传来消息——武汉市轨道交通 11 号线工程自动售检票系统总承包项目（二次公告）工程中标结果公布，方正国际成功中标，中标金额约 1.195 亿元。南下荆襄、东出三峡，这标志着方正国际轨道交通 AFC 系统业务继郑州地铁后在华中地区的又一大战略性胜利！

由北京南下，抵达郑州，“高筑墙广积粮”，近在咫尺的华中大都市武汉无疑是很好的下一站。从地理上看，武汉是全国铁路大动脉京广线和水路黄金线长江的交汇点，四通八达，交通区位优势较之郑州有过之而无不及。此前方正国际在武汉多年经营，公司三大区域之中就有武汉的一席之地，金融信息化业务更是在湖北地区影响甚广，客户及案例积累众多。因此，此次中标武汉地铁轨道交通 AFC 系统项目，也算得上功夫不负有心人。

喜悦并没有持续多久，因为摆在方正国际轨道交通 AFC 系统业务团队面前最棘手的问题是“时间”！ 2017 年 6 月中标，年底武汉地铁 11 号线就要开通，时间实在是太紧张了——然而这还不是全部，再过两个月，方正国际交通事业部总经理胡军又带来两个中标的喜讯之后，时间会显得更加更加的紧张！

武汉地铁 11 号线，全长 34.39 公里，设站 22 座，连接蔡甸、四新城市副中心、武昌火车站、鲁巷城市副中心，沟通大武汉的西部和东南两大新城，是武汉市东西走向的轨道交通大动脉，也是武汉市第一条延伸至市外的地铁线路。方正国际将负责这条线路 AFC 系统及相关配套工程及服务。

按照计划，方正国际轨道交通 AFC 系统项目团队将提供武汉地铁 11 号线东段 13 个车站 BOM（半自动售票机）38 台、TVM（自动售票机）165 台、AGM（自动检票机）376 通道等设备及相关服务，同时还将负责设备的方案优化、产品设计、内外部接口、协调制造、出厂验收、包装运输调试、预验收培训、售后服务等以及备品备件的长期支持等工作。

在时间只有短短 6 个月的情况下，方正国际轨道交通 AFC 系统业务团队在喊着“武汉，我们来了！”的同时，也充分明白任务的艰巨性，丝毫不敢怠慢。凡事预则立，虽然后来武汉地铁 11 号线因为前道工程及整体线路规划设计等方面的原因推迟开通，但前期方正国际轨道交通 AFC 系统项目团队也已经做好了各方面的准备，即便按照原来预期的 2017 年 12 月正式开通也是没有任何问题的。事实胜于雄辩，2017 年 12 月 12 日，方正国际负责的武汉地铁 11 号线 AFC 系统工程完成竣工验收。从 2017 年 6 月 12 日进场施工，到当年 12 月 12 日竣工验收，武汉地铁 11 号线 AFC 系统项目也创造了方正国际当时最短交付时间的记录，放在业内也是首屈一指。

竣工验收不等于开通。武汉地铁 11 号线最终于 2018 年 10 月 1 日也就是国庆当天正式开通并稳定运行，当时开通的是 11 号线东段，同时上线的还有手机扫码过闸功能——这是方正国际在郑州地铁验证过的成熟产品，用到武汉地铁 11 号线上也是得心应手。项目开展顺利，武汉地铁业主方对方正国际轨道交通 AFC 系统项目团队的出色表现非常赞赏，特地发来了一封感谢函，称他们“扎扎实实做贡献，勤勤恳恳保质量”，并且“集中展现出高度的敬业和专业精神”，何健、叶明玉、李建峰、沈忱、刘瑞力、陈玉龙、张群等团队核心成员的名字一一在列。

工作之余，方正国际轨道交通 AFC 系统项目团队忙里偷闲，还与武汉地铁业主方一起参加运动，组织足球赛，不仅丰富了彼此的业余生活，也为双方合作开展项目、加强默契与配合带来了积极的效果。

fig.9-4 武汉地铁 11 号线项目竣工验收

fig.9-5 武汉地铁 11 号线开通照片

fig.9-6 沈阳项目经理秦发

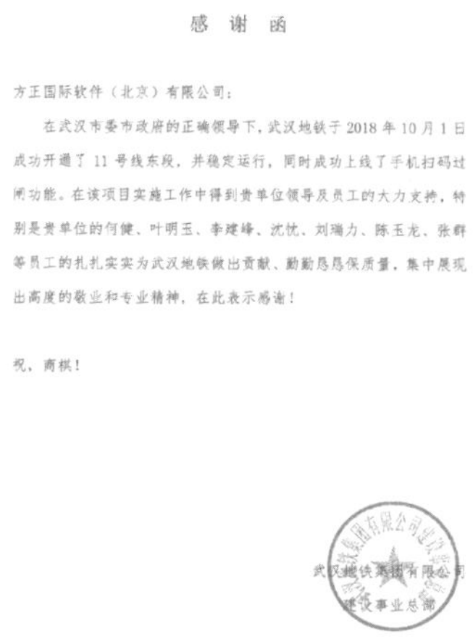
感 谢 函

方正国际软件（北京）有限公司：

在武汉市委市政府的正确领导下，武汉地铁于2018年10月1日成功开通了11号线东段，并稳定运行，同时成功上线了手机扫码过闸功能。在该项目实施工作中得到贵单位领导及员工的大力支持，特别是贵单位的何健、叶明玉、李建峰、沈忱、刘瑞力、陈玉龙、张群等员工的扎扎实实为武汉地铁做出贡献、勤勤恳恳保质量，集中展现出高度的敬业和专业精神，在此表示感谢！

祝，商祺！

武汉地铁集团有限公司
建设事业总部

fig.9-7 武汉地铁11号线感谢信

再度进入西安、重庆和沈阳市场

上面提到胡军带来的两个中标的喜讯，发生在8月份，一个接着一个。第一个就是西安地铁机场线AFC系统项目，这也是继2012年9月助力西安地铁2号线成功开通运营、2016年6月完成西安地铁ACC系统项目验收以来，方正国际再次打入西安轨道交通市场。

印象分加成？显然是有的。

西安地铁机场线，又称西安地铁13号线、西安北至机场城际铁路，连接西安北客站与西安咸阳国际机场两大交通枢纽，全长29.28公里，是陕西省规划建设的第一条城际铁路。根据2014年6月国家发改委批复陕西省《关中城市群城际铁路规划（2015—2020年）》，西安地铁机场线将成为关中城际网的首条线路，对渭河北岸发展、关中城市群建设都有着至关重要的推动作用。

西安地铁机场线全线共设10座车站，其中包括北客站（北广场）、机场（T5）、机场西（T1、T2、T3）等3座地下站，渭河南、秦宫、长陵、摆旗寨、艺术中心和空港新城等6座高架站，以及秦汉新城1座地面车站。建成后的西安地铁机场线，从西安北客站到咸阳国际机场运行时间将缩短至30分钟左右，将大大方便西安市民往返城区与机场之间。

西安地铁机场线预计最大运能可达到每日 30 万人次，同时，线路对接西安地铁 4 号线，涉及转乘和票价计算等情况，还因为机场城际与西安地铁在管理体系、运营主体等方面的差异，对轨道交通 AFC 系统的考验比较高，尤其还涉及西安轨道交通 ACC 系统的更新改造，对方正国际提出了更高的要求。

按原计划，西安地铁机场线要在 2018 年年底开通，但是受西安机场三期扩建工程项目等因素影响，开通运营时间最终推迟至 2019 年。在实施轨道交通 AFC 系统项目工作的同时，方正国际积极开展业务培训等相关工作，为西安地铁机场线的顺利开通竭力做好功课站好岗。

在以方正国际为代表的项目建设单位的共同努力下，原计划在 2019 年底开通运营的西安地铁机场线赶在国庆前完工了。2019 年 9 月 29 日 12:30 整，西安地铁机场线这条充满历史文化

fig.9-8 方正国际开展培训照片

气息的城际铁路正式开通运营，实现了陕西省城际铁路通车里程“零”的突破。在西安地铁机场线业主方制作的开通纪念品上，主题“接轨天地，成就梦想”八个大字赫然醒目，也说明了这条线的重要意义。在方正国际的全力协助和保障下，西安地铁机场线 AFC 系统畅行无阻，而且全线实现支持手机扫码过闸的功能，实时跟上了“互联网 +AFC”的步伐。

在西安地铁机场线开通的时候，方正国际项目经理李海峰非常感慨：“你看到的是开通时的笑靥如花，我看到的却是项目执行时的舍业抛家，还有销售过程中的拼命厮杀，致敬方正交通人。”在这个方正国际地铁 ACC 系统建设的里程碑之地，方正国际轨道交通 AFC 系统项目团队在背后的辛勤付出，由此可见一斑。

胡军在 2017 年 8 月带来的第二个喜讯，是方正国际在重庆“梅开二度”，拿下了重庆轨道交通环线二期的 AFC 系统工程。西安机场轨道交通 AFC 系统工程和重庆轨道交通环线二期 AFC 系统工程，两项目总中标价近 1 亿元，胡军一时成为方正国际乃至业界的焦点人物。

fig.9-9 方正国际西安机场线项目组合影

重庆轨道交通环线二期（上浩至重庆西段）是重庆市第一条采用山地城市大运量 A 型车系统的轨道交通项目，二期工程全长 18.333 公里，计划在 2018 年底通车试运营。这也是方正国际继实施建设重庆地铁 5 号线后，助力重庆地铁建设的又一重大工程。

在重庆轨道交通环线二期 AFC 系统项目中，方正国际将为 12 个车站提供 BOM（半自动售票机）48 台、TVM（自动售票机）108 台、AGM（自动检票机）233 通道的项目设备供货及相关服务，并负责设备的方案优化、产品设计、内外部接口协调、制造出厂验收包装运输调试预验收培训售后服务等以及备品备件的长期支持等工作。

有了建设重庆地铁 5 号线的经验，方正国际轨道交通 AFC 系统项目团队游刃有余，在高义、高鹏飞、洪尉、陈海英、张新等人的共同努力下，助力重庆地铁，搭建互联网票务平台，实现二维码购票、过闸等业务，并成功接入路网所有线路，系

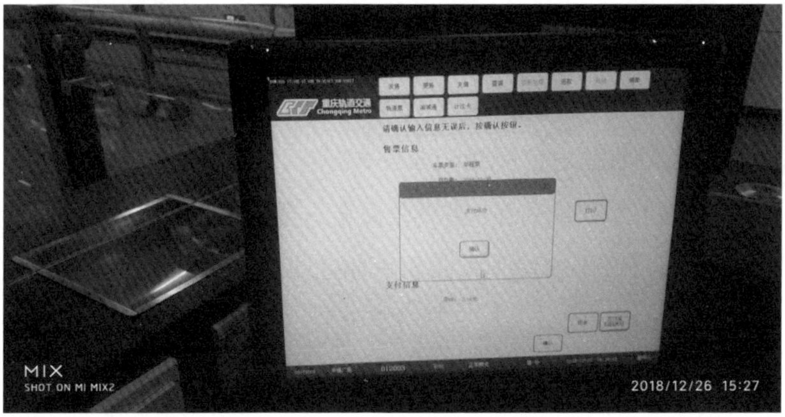

fig.9-10 重庆地铁 5 号线小规模互联网测试

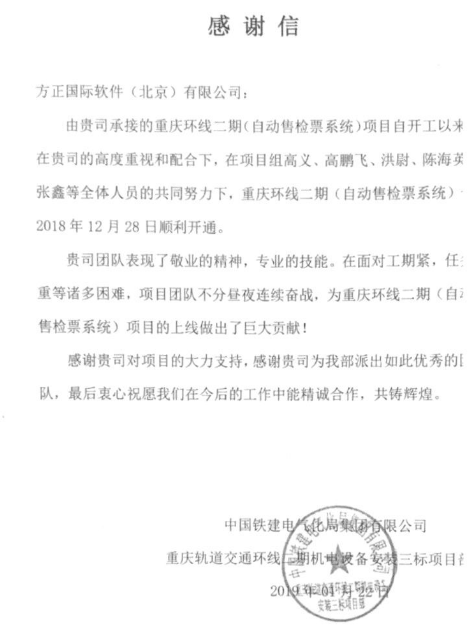
感谢信

方正国际软件（北京）有限公司：

由贵司承接的重庆环线二期（自动售检票系统）项目自开工以来

在贵司的高度重视和配合下，在项目组高义、高鹏飞、洪尉、陈海英

张鑫等全体人员的共同努力下，重庆环线二期（自动售检票系统）

2018年12月28日顺利开通。

贵司团队表现了敬业的精神，专业的技能。在面对工期紧，任

重等诸多困难，项目团队不分昼夜连续奋战，为重庆环线二期（自

售检票系统）项目的上线做出了巨大贡献！

感谢贵司对项目的大力支持，感谢贵司为我部派出如此优秀的

队，最后衷心祝愿我们在今后的工作中能精诚合作，共铸辉煌。

中国铁建电气化局集团有限公司

重庆轨道交通环线二期机电设备安装三标项目

2019年01月22日

fig.9-11 重庆轨道环线二期感谢信

统运行平稳高效，赢得了重庆地铁业主方的高度肯定。

2017年8月如火的热情并没有消散多久，3个月后的11月份，方正国际又成功中标了公司在沈阳市的第二个地铁AFC系统项目，即沈阳地铁10号线AFC系统项目。

上一次方正国际服务沈阳地铁AFC系统建设是在2010—2011年。在2011年12月完成沈阳地铁2号线即“全运线”之后，方正国际轨道交通AFC系统项目团队还大力协助沈阳地铁业主方，全面保障2013年8月底9月初第十二届全运会期间地铁线路的顺利运营，践行“24小时待命，2小时响应”机制，为提供安全、可靠、准时、舒适的运营服务作出了突出贡献。到2017年11月再度进入沈阳轨道交通AFC系统市场，也是沈阳地铁业主方对方正国际的肯定。

沈阳地铁10号线是沈阳地铁线网中“双L”线的一条线路，构成了沈阳地铁组合环线的北环和东环，成为沈阳地铁线路的干线。线路西起丁香湖，南至张沙布，全长约27.21公里，共设车站21座，其中建成、在建和近期开建的换乘站7座，设车辆综合基地1处、停车场2处、主变电所4座，1处控制中心与沈阳地铁4号线合建。目前沈阳地铁10号线仍然在紧张建设中，预计在2020年上半年开通运营。

在筹备和实施沈阳地铁 10 号线 AFC 系统项目的同时，方正国际轨道交通 AFC 系统业务团队也没闲着，顺势推广了此前在郑州地铁创新打造的“互联网 +AFC”产品。正好沈阳地铁公司方面也有这方面的建设需求，2018 年 7 月，方正国际成功中标沈阳地铁互联网综合业务平台系统设备采购及集成项目。

这一次，方正国际轨道交通 AFC 系统业务团队再行创新，在何健、刘云江、郭智敏等项目成员的努力下，在原来的轨道交通 AFC 系统内首次整合云计算、微服务、信息安全、国产密钥、支付系统、缓存系统等主流技术，构建了当下所有主流的轨道交通互联网业务模式。这次尝试，仅仅耗时短短 4 个月即在 2019 年 1 月份成功上线，圆满完成了项目目标，在沈阳地铁实现了便捷市民乘客、减少现金使用麻烦、解决现金管理难题

fig.9-12 沈阳地铁互联网售票项目工作场景

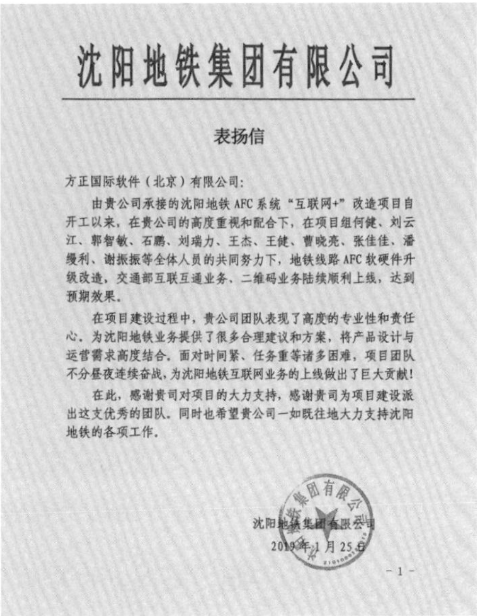

沈阳地铁集团有限公司

表扬信

方正国际软件（北京）有限公司：

由贵公司承接的沈阳地铁 AFC 系统“互联网+”改造项目自开工以来，在贵公司的高度重视和配合下，在项目组何健、刘云江、郭智敏、石鹏、刘瑞力、王杰、王健、曹晓亮、张佳佳、潘缦利、谢振振等全体人员的共同努力下，地铁线路 AFC 软硬件升级改造，交通部互联互通业务、二维码业务陆续顺利上线，达到预期效果。

在项目建设过程中，贵公司团队表现了高度的专业性和责任心。为沈阳地铁业务提供了很多合理建议和方案，将产品设计与运营需求高度结合。面对时间紧、任务重等诸多困难，项目团队不分昼夜连续奋战，为沈阳地铁互联网业务的上线做出了巨大贡献！

在此，感谢贵司对项目的大力支持，感谢贵司为项目建设派出这支优秀的团队。同时也希望贵公司一如既往地大力支持沈阳地铁的各项工作。

沈阳地铁集团有限公司

2019 年 1 月 25 日

- 1 -

fig.9-13 沈阳地铁互联网售票项目感谢信

的目标。其中，云闸机系统（二维码乘车系统）在不到4个月的时间里即实现用户38.3万，并且支持公交和地铁两类公共交通出行场景，不仅赢得了沈阳地铁业主方的高度赞扬，也为同时进行的沈阳地铁10号线AFC系统项目的实施营造了一个良好的实施环境。

再度进入西安、重庆和沈阳这几个城市的轨道交通AFC系统业务市场，证明了方正国际轨道交通AFC系统业务的实力；南下拓展业务的战略目标逐步实现，也进一步夯实了方正国际的市场地位。在建设这几个城市轨道交通AFC系统项目的时候，方正国际轨道交通AFC系统业务团队还为这三座城市带来了一些创新而成熟的附加值——全新的“互联网+AFC”产品，这同时也是方正国际自身的附加值，也为自己赢得了更多的口碑。

此时的方正国际，不再是谨守北京根据地周边一隅之地，也与扎根郑州中原大地的境况相比有了更大的提升，这都是可以看得见的“战果”。

紧跟“一带一路”的脚步——瞄准东南亚

从涉足轨道交通AFC行业之初，方正国际便带有明确的国际色彩。与日本欧姆龙株式会社的合作，从取长补短到自主创新，从实施阿联酋迪拜棕榈岛线AFC系统项目，到走进国际大都市澳门实施澳门轻轨AFC系统项目，方正国际在拓展海外市场的道路上从未止步。国家推进“一带一路”倡议以来，方正国际更是“紧随其后”，充分发挥自身国际化的优势特点，将市场延伸至海外，相邻不远的东南亚成为新的市场。在 2017 年这个如火年份的 4 月，方正国际拿到了越南河内轻轨（吉灵—河东线）AFC 系统项目，成为我国轨道交通 AFC 行业“出国”的又一个经典案例。

河内轻轨（吉灵—河东线）是越南开通的第一条轨道交通线路，也是一条打满了“中国制造”标签的越南轨道交通工程，即使用中国设计、中国装备、中国标准、中国贷款，由中国企业总承包建设，全方位的“Made in China”，这条线路也理所当然被视为“一带一路”倡议与越南“两廊一圈”规划对接的示范工程。项目于 2011 年 10 月正式开工，投资总额 8.68 亿美元，线路总长约 13 公里，共设 12 座车站，方正国际负责这条线路的 AFC 系统建设。

河内轻轨（吉灵—河东线）项目条件比较艰苦，与承担轻轨基础设施建设等其他工程的中国企业一样，方正国际也面临着多个困难。一是由于两国在设计理念、工作流程、技术成熟度方面的差异，双方沟通磨合的成本较之国内项目更大；二是由于轻轨基础设施建设因为各种因素不断变化，工期随之延长，给后端的轨道交通 AFC 系统项目实施带来各种不确定性；三是越南湿热的天气，水土不服对每个人都是一种考验。然而这些都没有吓倒方正国际轨道交通 AFC 系统项目团队，在这个与我们相邻的异国他乡，他们不怕辛劳往来多趟，以专业负责、一丝不苟的态度做好项目本职工作，传递着中国正能量。

执行此次河内轻轨的项目团队成员，或多或少也都参与了

fig.9-14 河内轻轨项目照片

当年阿联酋迪拜棕榈岛线 AFC 系统项目和后来的澳门轻轨 AFC 系统项目，项目经理管宏更是方正国际轨道交通 AFC 系统业务团队的元老级人物，国际化项目的经验并不欠缺，这也成为他们实施河内轻轨 AFC 系统项目的一个优势。不同的国度，不同的条件、环境和标准，有助于方正国际轨道交通 AFC 系统业务团队不断充实自身的项目实施能力，不断增加轨道交通 AFC 系统项目的国际经验，对我国轨道交通 AFC 行业发展，特别是“走出去”，也将起到积极推动的作用。

如今，阶段性地完成了 2018 年年底的现场设备交货、2019 年的中期现场内部系统调试工作，河内轻轨将静候用户最终验收和开通时间的到来。

中国内地 AFC 系统的迅猛发展，是中国内地的特色，它建立在共同的文化理念与认知、多方的协作与理解的基础之上。

纵观国内城市轨道交通建设项目和国外、港澳特别行政区相关项目建设，我们看到的是，目前我们的项目建设理念、建设管理、交付管理、运营管理依然需要进一步的提升。与驰骋国际市场多年的日本欧姆龙公司相比，还有很多地方需要进一步学习和借鉴。而港澳地区、国外在管理体制、文化交流方面，以及如何建立共同认知方面，都有许多值得我们研究的课题。可喜的是方正已经逐步走在了正确的道路上，我们有充分的信心能走得更远、做得更好。

第 10 章 持续：一发不可收拾

2017 年的这一波爆发并未结束，2018 年以来，方正国际轨道交通 AFC 系统业务又迎来一波持续的签约潮，一发不可收拾。至此，方正国际轨道交通 AFC 系统业务基本实现了在全国范围内的布局。

春种一粒粟，秋收万颗子

从 2017 年开始，方正国际就有点收不住前进的脚步。2018 年以来，方正国际又先后中标了多个轨道交通 AFC 系统项目以及部分轨道交通 ACC 系统项目，范围从南到北、从东到西，“春种一粒粟，秋收万颗子”，真的是遍地开花。

具体的项目包括：北京市轨道交通房山线，郑州市地铁城郊线二期、地铁 2 号线二期，芜湖市轨道交通 1 号线、2 号线一期，长沙市轨道交通 3 号线、4 号线一期、5 号线一期，苏州市轨道交通 5 号线，呼和浩特市城市轨道交通 2 号线一期 AFC、ACC 系统，福州市轨道交通 6 号线，绍兴市轨道交通清分及多线路中心（ACLC）系统，石家庄市轨道交通 3 号线，无锡地铁 3 号线一期等等。

这么多项目，品类也非常丰富。从项目类别上来看，这里面既有传统的轨道交通 AFC 系统建设项目，也有后来的轨道交通 ACC 系统建设项目（关于 ACC 系统，在后面章节会有详述），还有一些像西安、重庆、沈阳等地的“互联网 +AFC”系统项目，可谓面面俱到，基本业务都有涉及。从区域分布来看，既有北京、郑州等原来的根据地市场，也有像苏州这样此前有一定相关业务发展基础的市场，更多的还是芜湖、长沙、呼和浩特、福州、绍兴、石家庄等这种新开辟的市场，可谓是处处结“果”，进一步扩大了地盘。从项目大小来看，不挑肥不拣瘦，既有几千万上亿元的大项目，也有几百万元的精细化项目。从城市类别来看，既有全国性的大都市，也有各省、自治区的省会首府城市；有苏州、无锡这种“巨无霸”级别的地级市，还有像芜湖、绍兴这种区域中心城市，一种也没落下，充分说明了方正国际轨道交通 AFC 系统业务的兼容性，背后也反映出方正国际深耕不同市场的决心和干劲。

至此，前面提到的“从北纬 38 度到北回归线近 15 个纬度的跨度上”终于基本都打上了方正国际轨道交通 AFC 系统的烙印。从京津冀环渤海地区到中原大地，从大西北到南海之滨，从川渝大地到长江三角洲，再到中南地区、东南沿海、北国草原等，方正国际轨道交通 AFC 系统业务逐步实现了在全国各大城市的布局，在行业里的影响力也越来越大。

根据轨道交通 AFC 专委会统计的 2018 年我国轨道交通 AFC 系统项目业绩分布结果，方正国际共拿下 9 个项目（包括 1 个互联网平台项目），中标金额接近 5.5 亿元，在所有厂商中名列前茅。2018 年不愧是方正国际轨道交通 AFC 系统业务丰收的一年。

北京和郑州的几个项目中标体现了当地轨道交通业主多年来的肯定和信任。2018 年 1 月中标的北京地铁房山线 AFC 系统工程，进一步巩固了方正国际轨道交通 AFC 系统业务在北京的市场，特别是在郊区轨道交通 AFC 系统市场的影响力。2018 年 3 月中标的郑州地铁城郊线二期、郑州地铁 2 号线二期这两条线路 AFC 系统项目从某种程度上来说，则是延续了方正国际此前建设这两条线路一期工程的成果，相对而言更加驾轻就熟。

其他几个新拓展城市的项目，对于方正国际深化业务布局有着更深层的意义，当然，也可视作方正国际进一步细化区域公司布局的收获——2018 年，方正国际在全国巩固或成立 8 个区域公司，即苏州、西安、成都、广州、沈阳、河南、合肥、武汉。

干将昔此铸芙蓉，风雨千秋石上松

新中标项目的城市之中，芜湖是一个典型的区域中心城市。

在历史上，古称“鸠兹”的芜湖是一个得两江交汇、舟楫之利的重要城市，有文字记载的历史 2500 多年。到明清时期，芜湖更是长江下游的重要商埠，也是近代长江中下游地区工商业的重要发祥地和全国四大米市之一（另外三个是无锡、长沙、九江），被誉为“长江巨埠、皖之中坚”。改革开放以来，芜湖成为国家沿江开放城市，芜湖港也是长江水运第五大港和安徽省最大的货运、外贸、集装箱中转港。一直以来，交通都是芜湖的重要名片。如今，芜湖成为安徽省仅次于合肥之后第二个建设轨道交通的城市，城市轨道交通建设将为芜湖更增一道光彩。

方正国际是在 2018 年 3 月正式中标芜湖市轨道交通 AFC 系统等相关项目的，主要建设内容包括：芜湖市轨道交通清分中心、轨道交通 1 号线 AFC 系统、轨道交通 2 号线 AFC 系统，以及轨道交通 1、2 号线多线路共享的 MLC（多线路中心）。这是方正国际轨道交通 AFC 系统业务首次进入安徽市场，也是在这一年年初布局多个区域公司之后落子有声。这不仅意味着成功打入了安徽和华东的轨道交通 AFC 系统业务市场，也是第一次涉足省级区域中心城市的轨道交通 AFC 系统项目，更是继乌鲁木齐、西安之后再次承担轨道交通 ACC 系统工程。这些都进一步丰富了方正国际轨道交通业务的建设经验，更有助于方正国际轨道交通业务能力的持续提升。

根据规划，芜湖市区 1 号线全线和 2 号线一期工程，全长 58.81 公里，共设车站 35 座，将强化城东产业新城、中心区、江北新城之间的联系，有效缓解城市交通压力。与“以地下为主”的地铁、“以地上为主”的轻轨不同，它们将以高架站线的模式，形成“十”字形骨架轨道线网。方正国际此次在建设中，主要负责轨道交通 AFC 系统、MLC 中心、清分中心等软件工程，此外还需供货 TVM（自动售票机）167 台、BOM（半自动售票机）45 台、AGM（自动检票机）238 通道。

当前，工程正在紧张进行中，预计于 2021 年开通运营，方正国际轨道交通项目团队也正紧跟建设进度，积极开展相关工作。在 2019 年 4 月的机电系统集成管理与供货子项目中，针对梦溪路先导段闸机供货事宜，方正国际轨道交通项目团队克服重重困难，及时高效地完成了设备供货，得到了项目负责单位的表扬。

“干将昔此铸芙蓉，风雨千秋石上松。”春秋时期，干将夫妇受吴王命，曾在芜湖的赤铸山铸剑，二人千锤百炼，终有所成，打造出雌雄两口青锋宝剑。如今，方正国际建设芜湖城市轨道交通 1 号线和 2 号线一期 AFC 系统以及清分中心等项目，不也正是为芜湖市打造方便交通出行的“宝剑”吗？！

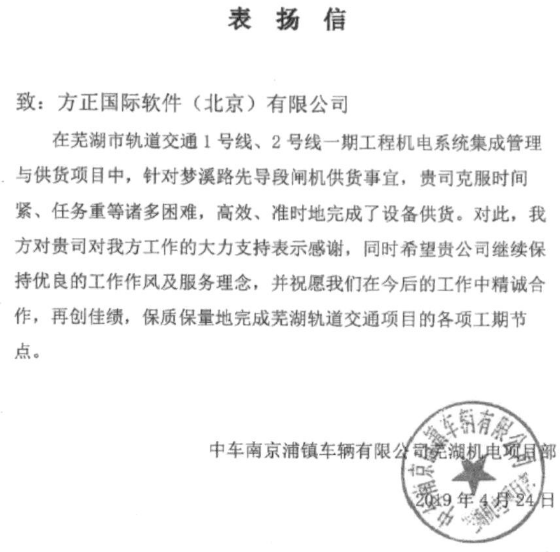

表扬信

致：方正国际软件（北京）有限公司

在芜湖市轨道交通 1 号线、2 号线一期工程机电系统集成管理与供货项目中，针对梦溪路先导段闸机供货事宜，贵司克服时间紧、任务重等诸多困难，高效、准时地完成了设备供货。对此，我方对贵司对我方工作的大力支持表示感谢，同时希望贵公司继续保持优良的工作作风及服务理念，并祝愿我们在今后的工作中精诚合作，再创佳绩，保质保量地完成芜湖轨道交通项目的各项工期节点。

中车南京浦镇车辆有限公司芜湖机电项目部

2019 年 4 月 24 日

fig.10-1 芜湖轨道交通业主感谢信

江南好，风景旧曾谙

“江南好，风景旧曾谙。”2012 年苏州工业园区美丽的独墅湖边的那个夏天，方正国际携手欧姆龙株式会社举行了澳门轨道交通项目签约仪式，意图很明显，旨在进军苏州轨道交通 AFC 系统市场。作为公司的法定总部，以苏州为中心的长三角智慧城市市场一直以来都是方正国际非常看重也十分看好的，而且这么多年来，方正国际扎根苏州，先后实施了苏州工业园区智能公交、区域卫生信息化等一系列智慧城市领域的项目，为业界同仁、政府机关和广大市民所赞誉，这些都为方正国际进入苏州轨道交通 AFC 系统业务市场打下了良好的基础。

2018 年 6 月，有点姗姗来迟的味道，在苏州分公司总经理沈小军带领的业务团队不懈努力下，方正国际终于叩开了苏州轨道交通的大门，成功中标苏州轨道交通 5 号线 AFC 系统项目，也算是有志者事竟成。

作为我国毫无争议的第一地级市，苏州也是我国首个建设和开通轨道交通的地级市，其第一条线路——苏州轨道交通 1 号线于 2012 年 4 月 28 日开通试运营。目前苏州已经建设通车了轨道交通 1 号线、2 号线、4 号线等三条城市轨道交通大动脉，形成了两纵一横的大格局。轨道交通 5 号线就是那第二条大横线，它在轨道交通 1 号线之南，全长 44.0 公里，共设有车站 34 座，其中换乘站 9 座，平均站间距为 1.32 公里。线路起于吴中区集散中心站，止于工业园区唯亭镇阳澄湖站，连接了吴中区、高新区、姑苏区和工业园区等 4 大区，对于缓解苏州轨道交通 1 号线运力和城南交通压力具有非常重要的意义。

按计划，苏州轨道交通 5 号线控制中心和多线路中心都设置在苏州工业园区金鸡湖大道的黄天荡控制中心，线网清分中心设置在城区广济南路控制中心，整个项目需要方正国际提供 TVM（自动售票机）223 台、BOM（半自动售票机）64 台、AGM（自动检票机）488 通道。

作为半个东道主，方正国际实施苏州轨道交通 5 号线 AFC 系统项目有一定“近水楼台”的优势，此前在公交、医疗等领域的合作也让方正国际对苏州市的信息化建设有更深的理解，这些都有助于苏州市轨道交通 5 号线 AFC 系统项目的顺利完成，最终促成全线即将在 2021 年开通运营。

除了苏州，方正国际在 2018 年“下江南”的另一大收获是中标了无锡地铁 3 号线一期 AFC 系统工程，时间是在当年 12 月。短短半年拿下江南两座城两条线，对方正国际而言可谓“双喜临门”，证明了此前深耕华东市场的成效，尤其是在竞争对手众多的形势下“虎口拔牙”，更彰显难得。

无锡地铁建设得也比较早，其第一条线路——无锡地铁 1 号线于 2014 年 7 月 1 日正式开通运营，这也让无锡成为继苏州之后全国第二个开通地铁的地级市，也是自深圳、苏州、宁波后第四个开通地铁的非省会城市。如今，无锡已形成地铁 1 号线纵贯南北、地铁 2 号线横贯东西的十字架格局，无锡地铁 3 号线整体呈西北东南走向，从惠山城铁站穿越市区到苏南硕放机场（其中，一期工程北起苏庙），串联起惠山区、北塘区、崇安区和新区等四大区，是无锡地铁 1 号线和 2 号线的有效补充。

无锡地铁 3 号线一期工程全长约 28.5 公里，共设有车站 21 座，其中有盛岸站（与规划中 4 号线）、无锡火车站、靖海公园站、太湖花园站（与规划 5 号线）、无锡新区站（与规划 4 号线）等 5 座换乘车站，平均站间距约 1.407 公里。无锡地铁 3 号线将与地铁 1 号线、2 号线共用线网控制中心，设有盛岸站和无锡新区站 2 座主变电站，在盛岸站、靖海公园站分别设置与规划 4 号线、2 号线的联络线。根据要求，方正国际将为无锡地铁 3 号线一期工程提供 TVM（自动售票机)129 台、BOM（半自动售票机）41 台、AGM（自动检票机）381 通道。

2016 年 3 月 30 日，无锡地铁 3 号线一期工程正式开工，预计将于 2020 年下半年开通运营，方正国际组建项目团队开展相关工作。与芜湖不同，尽管苏州和无锡也都是地级市，但后二者的经济体量、人口数量和社会发展均更胜一筹，完成好这两个城市的项目，方正国际轨道交通 AFC 系统业务的案例簿上又将多出两个不一样的线路，书写出不一样的风采。

在中标无锡地铁 3 号线一期 AFC 系统之后不到半年，方正国际再度南进，于 2019 年 5 月中标了绍兴市轨道交通清分及多线路中心（ACLC）系统项目，成功进入浙江市场，继续朝着拓展江南市场的方向努力。此前方正国际金融事业部曾助力绍兴银行打造银行核心系统，在绍兴信息化领域建立起了一定知名度，同时这也是方正国际继乌鲁木齐、西安、芜湖、呼和浩特之后签下的又一个涉及清分系统的项目。

ACLC 系统是绍兴市轨道交通 AFC 系统网络化运营的管理与服务机构，是连接轨道交通各线路的纽带，更是实现绍兴市轨道交通联网收费的核心系统。根据绍兴市轨道交通线路规划，2022 年底前将轨道交通 1 号线、2 号线一期和杭绍城际线接入 ACLC 系统，远期软件设计接入 10 条轨道交通线路，硬件暂按接入 4 条线路进行配置。

为完成这个项目，方正国际 ACLC 系统采用云架构体系，包含 ACLC 主中心、ACLC 副中心和 ACLC 线网测试系统，云管理平台提供的功能贯穿于云的整个生命周期，并适用于所有可能提供的服务类型。ACLC 主中心和副中心均包括了 ACC 清分需求、MLC 多线路中心需求及 ITP 互联网票务平台需求，ACLC 主中心和副中心双活运行，以确保业务连续不间断，数据不丢失。整个项目计划于 2020 年 12 月完成 ACLC 副中心投入试运营，2021 年 ACLC 主副中心投入试运营，最终确保实现对绍兴市轨道交通 AFC 系统的统一管理，实现绍兴市轨道交通网络化运行条件下的一票换乘，实现绍兴市轨道交通的一路通行。

在实施ACLC系统工程的同时，方正国际轨道交通项目团队正积极协调相关单位并编制《绍兴市轨道交通线网AFC系统标准》，这将在绍兴市未来轨道交通AFC系统的发展中起到重要的指导作用。

“才饮海河水，又食长江鱼”

在江南“攻城略地”的同时，方正国际进一步拓展根据地外围的市场，于2018年下半年中标了河北省省会——石家庄轨道交通3号线二期AFC系统项目，将北京和郑州“连成一片”，这也是方正国际在北京周边最后一个进入的轨道交通AFC系统业务市场。

2017年6月26日，石家庄轨道交通1号线一期工程和3号线一期工程正式投入运营，石家庄也由此成为我国第一个初始就开通两条轨道交通线路的城市。轨道交通3号线一期主要穿行于中心城区，此次建设的轨道交通3号线二期工程为一期工程的东延伸线，全长约7.342公里，均为地下线，共设车站5座，其中换乘站2座，控制中心位于长江大道与秦岭大街交叉口西北象限内，另设有2处联络线。

按照业主要求，石家庄轨道交通3号线二期工程将采用与一期工程同一标准的AFC系统，也是一个计程计时计次的封闭式全自动收费系统。方正国际将为项目提供包括TVM（自动售票机）、BOM（半自动售票机）、AGM（自动检票机）、AVM（自动充值查询机）、iTVM（即“互联网+TVM”）和PCA（查票机）

等在内的车站终端设备以及相应的 AFC 系统软件集成。

石家庄轨道交通 3 号线二期预计将在 2021 年通车试运营。

石家庄项目的成功中标，意味着从北京往南到石家庄、郑州、武汉等京广线沿线，方正国际轨道交通 AFC 系统业务都插上了“小红旗”。再往南，没错，就是星城长沙了。

2019 年 5 月，方正国际成功中标长沙轨道交通 5 号线一期 AFC 系统项目，在打入“九省通衢”武汉大市场之后成功南下，进入了湖南市场。毛泽东主席在《水调歌头 · 游泳》开头即说“才饮长沙水，又食武昌鱼”，放到此情此景，似乎要倒过来说了，即“才食武昌鱼，又饮长沙水”，联想到之前中标的石家庄项目，又可以说是“才饮海河水，又食长江鱼”。不过，接下来套用那两句诗就非常应景了：“万里长江横渡，极目楚天舒。不管风吹浪打，胜似闲庭信步。”当然，这想必也是方正国际轨道交通 AFC 系统业务团队所期待的状态。

长沙，历经三千年城名、城址不变，而今发展日新月异。长沙的城市公共交通极为发达，轨道交通建设也起步比较早，第一条轨道交通线路长沙轨道交通 2 号线一期于 2014 年 4 月 29 日开通试运营，长沙磁浮快线还是我国开通的首条拥有完全自主知识产权的中低速磁浮线路。截至目前，长沙共有轨道交通 1 号线、轨道交通 2 号线、轨道交通 4 号线和磁浮快线等 4 条运营线路，运营里程达 102.21 公里，轨道交通 5 号线一期也是如今正在建设的几条线路之一。

长沙轨道交通 5 号线位于市区偏东，呈南北走向，主要沿着市区的重要主干道——万家丽路展开，线路全长约 35 公里，共设有 26 座车站。其中一期工程线路全长 22.5 公里，设有车站 18

座，包括换乘站 7 座，平均站间距 1.26 公里。方正国际将为项目工程提供 TVM（自动售票机）72 台、BOM（半自动售票机）72 台、AGM（自动检票机）361 台、网络售票机 100 台，并将负责轨道交通 AFC 系统设备的设计、安装督导、检测、调试、验收、开通、运营准备和维护等全流程工作，以及参与长沙市轨道交通 AFC 系统建设标准及规范的制定和实施等。

日前，长沙轨道交通 5 号线一期已于 2019 年底实现通车试运行。方正国际轨道交通 AFC 系统项目团队完成保障全线开通的相关工作之余，还在实施长沙市轨道交通 3、4 号线一期工程“互联网 +AFC”项目，推动长沙市轨道交通售检票服务更加方便快捷。

“湘江北去，橘子洲头。书生意气，挥斥方遒。”走在京广线的大道上，已到湖南，只待更南。

七闽山水多灵秀，青云万里有前期

在中标长沙轨道交通 5 号线一期工程前后，2019 年 5 月，方正国际在福建取得突破，中标了福州轨道交通 6 号线 AFC 系统项目。

福州市第一条轨道交通线路——福州轨道交通 1 号线是在 2016 年 5 月 18 日开通运营的，到目前福州共有轨道交通 1 号线和 2 号线两条线路投入运营，但是在建的线路有 5 条之多，轨道交通 6 号线就是其中之一。随着近期福州市有关部门提出力争在 2020—2023 年每年新开通一条地铁线路的目标，轨道交通建设的步伐也将加快。

福州轨道交通6号线起于潘墩站，止于国际学校站，主要连接福州市主城与滨海新城，也可视为福州城市东扩沿江沿海发展战略的重要工程，类似这种线路方正国际在北京、郑州、西安都实施过，经验丰富。福州轨道交通6号线线路全长约40.869公里，大多数为地下线，共设19座车站（包括1座高架站），平均站间距为2.230公里，线路控制中心设在横港车辆段内，主变电站设有2座，位于营前站和万寿站附近，另有下洋站、郑和站、万寿站等3处联络线，均考虑到远期新增轨道交通线路的建设计划。

为完成项目目标，方正国际要提供TVM（自动售票机）114台、BOM（半自动售票机）28台、AGM（自动检票机）278通道，同时还有轨道交通AFC系统建设的全流程建设。目前方正国际已组织项目团队逐步展开相关工作，全力保障福州轨道交通6号线在2020年底前通车试运营。

“七闽山水多灵秀，青云万里有前期。”2017年以来方正国际轨道交通AFC系统业务的蓬勃发展，让人目不暇接，也更让人看清楚方正国际轨道交通AFC系统那厚积薄发的力量。

第 11 章
公心：推动 AFC 持续发展

标准编制的努力示范者、市场活动的积极参与者、创新技术的主动践行者，这是方正国际深耕行业市场持续推进的必要，更是方正国际人一颗“公心”的体现。

标准编制的努力示范者

轨道交通 AFC 系统在我国兴起是 20 世纪 90 年代中期以后的事情，到 2002 年方正国际初步与日本欧姆龙株式会社达成合作时，国内涉足轨道交通 AFC 系统业务的企业仍然少之又少。同时，自动售检票系统在城市轨道交通建设中的互联互通特性并没有得到各方面足够的重视，国家也没有出台相关的建设标准，相对于当时轨道交通比较发达的日本、欧美等国家，国内尚在起步阶段，且标准也并不规范。而 AFC 系统仅仅作为一个几乎最小的专业被列入地铁的建设体系中。

2005 年，北京刚刚开始大范围建设 AFC 系统，方正国际也刚刚中标北京地铁 5 号线 AFC 系统。在市交通委的组织下，凭借 2001—2003 年建设北京地铁 13 号线 AFC 系统的经验，北京地铁完成了“北京轨道交通自动售检票系统技术及管理规定（暂行）”（俗称“暂规”）。面对奥运赋予北京轨道交通建设的目标，因当时并没有互联互通、各条线路可共同遵照执行的详细标准，而地铁5号线AFC系统需要有可参考作为执行的详细标准，方正国际作为地铁5号线AFC系统的集成商，自然承担起了制定路网AFC、ACC建设标准初稿的责任。

2006年，北京地铁ACC系统开始建设，考虑到首都未来庞大的自动售检票系统，决定参照国外更加成熟的经验，来重新构造更加完善的北京地铁建设ACC/AFC技术标准。方正无私奉献出已经完成的相关技术文件、业务归纳文件，并积极全程参与了这套标准的本地化完善全过程，最终，2007年制定的《北京轨道交通AFC/ACC业务规则及技术规范》《北京市政交通一卡通在轨道交通AFC系统中的技术标准》等标准，为北京奥运会前同时开通多线路AFC系统及ACC系统、实现网络化运营奠定了良好的基础。

2008年奥运会举办前，北京实现了8条线路、1个清分中心一次性开通运行的壮举。但同时，六七家集成商、十多家建设单位先后参与相互关联的AFC系统的建设所需要克服的重重困难和组织难题，也深深刺激着北京地铁建设、运营的领导者。基于此，北京轨道交通建设管理有限公司从建设者的角度组织多家集成商、建设单位，提出构建《北京市轨道交通AFC系统设计及实施导则》，以指导未来十几年AFC系统的建设。

2008年9月开始，方正、泰雷斯、中软、DAT等公司，便以“为北京构建一个不受集成商影响的、达到详细设计级别的、未来多方须严格遵守的设计规范”为目标，开始了规范的讨论、规划、制定工作。2009年3—4月，30多名参与者集中工作40多天，完成了《北京市轨道交通AFC系统设计及实施导则》的初稿。

为方便未来北京地铁 AFC 系统的建设，2009 年下半年，由北京轨道交通指挥中心牵头，基于导则，构建了如今北京市地方标准《轨道交通联网收费系统技术要求》的前几部分。这一规范集合了北京市轨道交通 AFC 系统领域很多领导和专家的建议，成员来自北京市轨道交通建设管理有限公司、北京市轨道交通指挥中心、北京市地铁运营有限公司等权威部门以及行业内知名企业。在起草人名单中，方正国际曾经的员工、时任北京轨道交通指挥中心检测中心主任张莉名列其中，戴笑涛（方正国际曾经的交通技术总监）、连刚均为当时规范编制的咨询专家。

在标准的编制过程中，方正展示了什么是“公心”精神，几乎全部公开了自己在 AFC 领域建设的内部规范文件。方正完全从业主的视角、从业主的长远利益出发，提出构建标准方方面面细致的建议，帮助业主掌握属于自己的标准。一个城市轨道交通的建设项目，将持续使用十几年、二十几年，甚至更长时间，将有多家建设单位、集成商，几代人参与——基于此，方正国际提出，标准建设必须达到一定的书面细致程度，只有这样才能让后来者在项目建设的过程中不至于用口口相传的方式来理解标准。方正的原则是：任何一个轨道交通的地方标准，都应当成为当地 AFC 系统建设的基石，而不是个别利益方损害他人核心利益的防护墙。

方正基于这样的公心，对外：在参与任何城市建设的过程中，都积极帮助业主完善相关标准的制定；对内：构建并完善内部标准化建设管理的规则，全面规范管理用户需求文档、概要设计文档、详细设计文档、测试规划和案例、系统编码文件及配置文件、项目实施规划及记录、验收和维护文档等，构建基于人才不断提升、技术不断完善和人才有序流动基础上的管理体系，确保知识的传承，而非简单依赖于任何个人。

行业公心的代表人物毋庸置疑是陈凤敏老师。陈老师在21世纪初轨道交通AFC行业发端之时，便在建设部立项，开展AFC验收标准编制的工作，同时长期致力于呼吁各方重视AFC这个轨道交通中不太起眼、但事实上影响巨大的小专业。如今她早已成为业界圭臬，对行业的规范发展起到了举足轻重的作用。

出于公心，方正国际参加了国标组组织的多次AFC论坛，参与修订了《城市轨道交通自动售检票系统工程质量验收规范》，可以说是我国轨道交通AFC系统国家标准编制的重要参与力量。

同时，方正国际还结合自身业务和实施案例，先后参与了一卡通、ACC/AFC、互联网票务等多个国标、行标及地方标准编制。在参与北京、乌鲁木齐、西安、沈阳、天津、郑州等全国各地轨道交通AFC系统项目实施的进程中，方正国际不忘结合自身经验和行业发展，与当地的轨道交通公司携手推进地方轨道交通AFC系统标准规范的制定。毫无疑问，这对今后指导轨道交通AFC系统的规范、健康、可持续发展是意义重大的。

据初步统计，方正国际几乎参与了每个自身实施项目所在城市的轨道交通AFC系统标准规范的制订或修订，包括并不限于：北京市市政交通一卡通技术标准（DB11/T 159.2—2005）、北京市轨道交通ACC系统技术标准、北京市轨道交通AFC系统设计及实施导则、西安市轨道交通ACC/AFC业务规则及技术规范、沈阳市轨道交通ACC/AFC业务规则及技术规范、天津市轨道交通ACC/AFC业务规则及技术规范、沈阳市自动售检票系统工程质量验收规范、郑州市轨道交通 ACC/AFC 业务规则及技术规范、乌鲁木齐 BRT ACC/AFC 业务及技术规范、呼和浩特市轨道交通 ACC/AFC 业务规则及技术规范、芜湖市轨道交通 ACC/AFC 业务规则及技术规范等。此外，方正国际还参与了《城市轨道交通自动售检票系统工程质量验收规范》（GB 50381）的修订。同时作为 AFC 行业资深集成商，参与了中国城市轨道交通协会《智慧城市轨道交通信息技术架构及网络安全规范》《城市轨道交通新建互联网票务平台建设指南》《城市轨道交通自动售检票系统技术规范》等规范的制定。可以说，我国轨道交通 AFC 系统、ACC 系统的国家和地方标准规范，方正国际基本都有参与。

出于公心，方正国际在互联网票务刚刚进入轨道交通行业的时候，就清晰地定位业主、方正自身、互联网支付方各自的关系，提出互联网票务在 AFC 系统中实现的两种技术路线、三种运营模式的理念，充分与各方交换意见，力促在各方真正理解未来发展模式基础上，由业主自己选择道路。

出于公心，方正国际积极参与中国城市轨道交通协会所组织的相关团体标准的制定。方正国际以专家的身份从各地方建设运营的角度，从集成商及产品供应商的角度，从国家长期发展需要的角度，从技术发展的角度及业务本质的角度，推动多方坦诚交换意见，积极协助相关工作的推进，得到了行业协会及多方的认可。

市场活动的积极参与者

方正国际既是轨道交通 AFC 行业标准编制的努力示范者，也是轨道交通 AFC 行业活动的积极参与者。

2014 年 4 月举行的第一次“南湖会议”，成立了轨道交通 AFC 系统集成商联谊会，形成了“南湖宣言”，对扭转轨道交通 AFC 系统无序竞争的市场起到了非常大的作用。在首任轮值主席邓伟以及后续轮值主席的积极组织和推动下，轨道交通 AFC 系统集成商联谊会如今已经成为行业内组织的标杆。

时隔 4 年之后，面对“互联网 +”应用带给自动售检票运营的压力，AFC 轨道交通系统的业内企业同感有必要再次共商应对之策。2018 年 5 月 14 日至 15 日，轨道交通 AFC 系统集成商联谊会（简称 G7）在嘉兴召开了第二次“南湖会议”（第二届轨道交通 AFC 系统集成商会议），陈凤敏女士仍是会议的发起人和见证者，胡军作为方正国际交通事业部总经理参加了此次会议。会议主要就“互联网 +”影响下的轨道交通 AFC 系统市场现状进行了深入讨论，大家清楚认识到市场状况已经进入一个新的阶段，更加意识到良好市场环境对行业企业发展的重要性，会议相关内容都被写入了第二个“南湖宣言”。

第一次“南湖会议”是开端，它聚拢了人心，凝聚了共识，让轨道交通 AFC 行业逐步形成了良性竞争秩序。万事开头难，这一步走得不容易，方正国际作为首任轮值主席单位，付出的努力也众所周知。第二次“南湖会议”的召开则可能就此奠定了“大事共商”的机制，对接下来轨道交通 AFC 行业如何继续走，起

第二届轨道交通 AFC 系统集成商会议宣言（简称：新南湖宣言）

（2018 年 5 月 15 日）

2018 年 5 月 14 日-15 日，第二届轨道交通 AFC 系统集成商会议在浙江省嘉兴市召开。

我们对互联网影响下的轨道交通 AFC 市场现状进行了深入的讨论，清楚的认识到市场状况已经进入到一个新的阶段，会议代表一致认为行业需要继续维护良好的市场环境，同时针对新的变化，也亟需转型。

鉴此，我们确认以下原则：

1. 充分肯定首届南湖会议结束以来的成就；
2. 在新的形势下，我们要义不容辞的引导互联网形势下的 AFC 发展；
3. 充分认识数据价值，数据安全可控为核心的重要性，协助地铁掌握数据主动权、控制权；
4. 择机参与互联网为基础的 AFC 运营；
5. 继续全力支持专委会建设，打造 AFC 产业生态；
6. 继续坚持合理定价，健康发展的理念，适时扩大规模。

方正国际软件（北京）有限公司

上海华虹计通智能系统股份有限公司

浙江浙大网新众合轨道交通工程有限公司

南京熊猫信息产业有限公司

普天轨道交通技术（上海）有限公司

中国软件与技术服务股份有限公司

上海中软华腾软件系统有限公司

*fig.*11-1　第二次“南湖会议”和第二个“南湖宣言”

到了交换意见、“拨云见日”的效果。这两次轨道交通 AFC 行业的会议，方正国际都是亲历者、践行者和推动者。

而对于行业的权威盛会——轨道交通 AFC 论坛，方正国际基本上每届都有参与，共襄盛会。最近有两次——2015 年呼和浩特 AFC 论坛和 2017 年郑州 AFC 论坛，方正国际都是论坛的主角之一。

2015 年 9 月 16 日至 17 日，“第十二届城市轨道交通自动售检票系统技术应用研讨会暨 AFC 专业产品展示会”（即第十二届 AFC 论坛），在内蒙古呼和浩特市举行。大会以“合作共赢 共促发展”为主题，与会人员均来自国内外轨道交通行业领域主管单位、代表企业、研究机构，共 300 余人。此届论坛，方正国际充分展示了公司在轨道交通 AFC 领域的最新研发成果和案例，行业影响力得到进一步增强。

以“从集成商的角度看 ACC/AFC 的建设”为题，当时方正国际交通事业部技术总监连刚结合公司十余年所积累的行业经验，全面剖析了轨道交通 AFC 系统的发展，特别是提出了“地

*fig.*11-2 方正国际交通事业部技术总监连刚演讲

铁大数据”的理念，受到行业各界的广泛关注。在这次论坛上，连刚还分享了方正国际在北京地铁票制票价改革工程中自己的体会。

2014年底，在北京地铁票制票价的改革中，方正国际承担了地铁5号线和亦庄线这两条线路轨道交通AFC系统的相关工作。北京地铁是国内运行最繁忙的地铁线路之一，5号线更是忙中之忙，再加上这两条线路开通已久，票改牵涉到旧设备改造、新设备调试等多项任务，困难重重。最终，方正国际在形势严峻的情况下出色完成了任务目标，令业界眼前一亮之余更甚感惊讶。连刚在论坛上回顾了这次项目经历，也让业界真实体会到方正国际轨道交通AFC系统业务团队的顶尖水平，以及取得成功背后的不易。正是凭借一如既往的高水准，方正国际方能在竞争激烈的轨道交通AFC系统领域赢得广泛声誉，并承担起一项又一项重大工程。在呼和浩特召开的这届AFC论坛，也许也为方正国际后续打开呼市本地市场埋下了伏笔。

2017年9月21日至22日，由《城市轨道交通自动售检票系统工程质量验收规范》国标管理组、中国信息产业商会自动收费系统专业委员会主办的“第十四届城市轨道交通自动售检票系统技术应用研讨会”（即第十四届AFC论坛）在郑州举行。大会以“探讨轨道交通AFC系统规范化之路”为主题，来自国内外轨道交通行业主管单位、行业代表企业、相关科研院所等200多家机构参加了此次研讨会。

这一次，作为国内率先在郑州推出“互联网+购票”地铁出行的轨道交通AFC系统服务商，方正国际可以说是半个东道主，更是一大焦点。此次论坛，不仅郑州市轨道交通有限公司总工程师夏景辉亲自带队参加会议，方正国际也相当重视，公司和事业部层面都有核心领导出席。

方正国际交通事业部胡军在论坛上表示，方正国际将紧随业内技术潮流，一如既往秉承“用户至上、质量第一、技术领先”的经营理念，为行业发展贡献自己的力量。方正国际业务—技术委员会主席连刚则在论坛上发表了主题为“‘互联网 +AFC’在地铁行业的建设与运营模式探讨”的演讲，从“线上介质替代 IC 卡实物介质”的技术角度出发，着眼于解决二维码的“只读不写”和“安全可复制”的两个关键技术问题，分享了方正国际在“互联网 +AFC”方面的技术经验和对地铁运营商务模式的一些思考，并介绍了方正国际在郑州地铁“互联网 + 购票”的成功案例，受到现场嘉宾的广泛关注。

面对“互联网 +”对 AFC 系统的迅猛冲击，方正国际充分把握住了轨道交通 AFC 系统市场机遇，率先布局，联合郑州轨道交通公司，共同实施了“互联网 +AFC”一系列工程。这一举措，不仅深受广大市民欢迎，自身更积累了不少成功的经验，储备了不少人才。AFC 论坛能在此时将举办地设在郑州，也证明了方正国际在郑州地铁实施“互联网 +AFC”的成绩是深受肯定的。通过这次“近距离”展示郑州地铁“互联网 +AFC”成果，也让方正国际在业内的影响力进一步增强。

除了 AFC 论坛，近年来方正国际还积极参与轨道交通行业的其他重要市场活动，除 AFC 专委会组织召开的各种研讨会，还有中国城市轨道交通协会举办的行业盛会等，努力发声、分享交流之余，也助力共建行业良好发展环境。

2018 年 6 月 12 日至 14 日，主题为“由大到强，迈入城轨新时代”的“2018北京国际城市轨道交通高峰论坛”在北京隆重召开。这是由中国城市轨道交通协会、中国铁道科学研究院集团有限公司共同主办的一次盛会，交通运输部、国家发改委、工信部、住建部、国家认证认可监督管理委员会等相关部门领导、部分省市政府机构及城市轨道交通建设运营单位代表等共400余名领导、专家、学者参加了本次论坛。

在“2018北京国际城市轨道交通高峰论坛·分论坛六——基于云计算的城轨信息化建设论坛”上，连刚以“自动售检票的未来——业务形态、技术架构、团体标准”为题，分享了方正国际对自动售检票未来发展的预期和云架构应用设计，并提出在自动售检票系统与互联网票务结合后需要特别提高运营安全意识。

在这次演讲中，连刚从“业务形态、技术架构、团体标准”三个角度，简要分析了轨道交通AFC票卡的变迁、支付手段的变迁、技术架构和管理架构的变迁，同时以“云和安全是未来IT投资的支柱”为主线，协助协会解析了地铁应用系统的潜在转型发展之路：一是通过构建基于城轨三网架构的云计算平台，改造升级原有轨道交通AFC系统的五层架构，以云化的技术路线，提供轨道交通AFC系统全业务的微服务；二是通过云平台强大的后台计算、安全能力以及分析能力不断提升乘客出行体验，提高轨道交通运营效率，既节约资源，也促进数据共享和分析，为未来城轨客流组织、乘客服务、经营服务等提供数据支撑。方正国际基于云的iAFC解决方案也在论坛上进行了展示。

这是方正国际轨道交通AFC系统业务基于近年来自身业务发展和实际案例经验提炼总结出来的“干货”，也是对我国未来轨道交通AFC行业发展的一次思考、一次分享，很有代表性，在论坛上引起了热烈反响。

方正积极参与多方面的市场活动更是出于一种公心，希望方正自身能够在 AFC 领域行进过程中不断思考，也能够带动各个方面不断思考，从而促进行业协会、业主、集成商、产品制造商在 AFC 领域中就其发展，进行方方面面有深度的、开放的讨论，从而真正形成全国性力量，让 AFC 事业发展得更快、更好、更安全！

创新技术的主动践行者

北大方正集团有一个贯彻至今的理念——“创新”。其实这个理念很多公司都会提到，尤其是互联网公司。对于“创新”，北大方正集团的阐释是：“世界在变，创新不变。”这一点，对于身处技术发展日新月异的 IT 企业方正国际来说，更为重要。方正国际轨道交通 AFC 系统业务自始至终，走的就是一条创新之路。在后来多次的技术发展和变革中，方正人都敢于创新、敢于尝试，虽然可能有过失败，但取得了一个又一个轨道交通 AFC 系统项目的成功，创新成果也是非常可观的。

如郑州的典型案例，方正国际联合郑州轨道交通公司业主方，率先尝试“互联网 +AFC”，先后成功实施了“云购票”、微信和支付宝网上购票、TVM（扫码购票）和“云闸机”，一时开风气之先，令行业侧目。

目前，方正国际轨道交通“互联网 +AFC”技术已相对成熟，具有四大核心功能：一是通过手机APP、微信公众号、支付宝城市服务等渠道，购买地铁单程票，使用微信或支付宝完成支付，然后在车站兑票机或自动售票机上取票；二是在自动售票机上实现扫码支付和扫码取票；三是在云闸机上刷二维码、NFC手机、具有闪付功能的银联卡或者通过人脸识别技术直接进出站；四是通过大数据分析，挖掘和提炼地铁出行数据，提供“地铁＋”增值服务、第三方二维码、APP营销能力等功能。继郑州

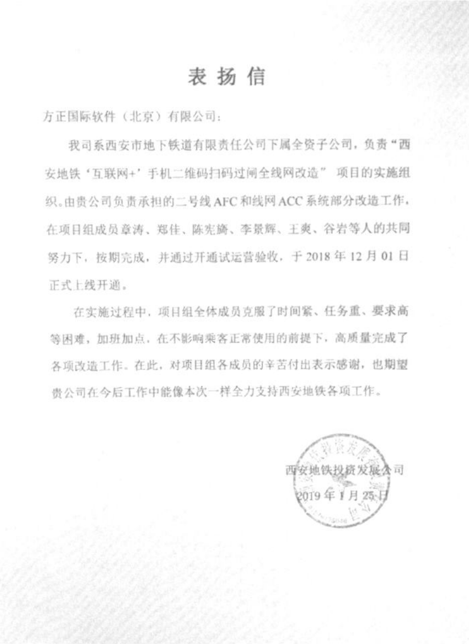
表扬信

方正国际软件（北京）有限公司：

我司系西安市地下铁道有限责任公司下属全资子公司，负责“西安地铁‘互联网+’手机二维码扫码过闸全线网改造”项目的实施组织。由贵公司负责承担的二号线AFC和线网ACC系统部分改造工作，在项目组成员章涛、郑佳、陈宪旖、李景辉、王爽、谷岩等人的共同努力下，按期完成，并通过开通试运营验收，于2018年12月01日正式上线开通。

在实施过程中，项目组全体成员克服了时间紧、任务重、要求高等困难，加班加点，在不影响乘客正常使用的前提下，高质量完成了各项改造工作。在此，对项目组各成员的辛苦付出表示感谢，也期望贵公司在今后工作中能像本次一样全力支持西安地铁各项工作。

西安地铁投资发展公司

2019年1月25日

fig.11-4 西安地铁“互联网＋”项目感谢信

fig.11-3 2017年方正国际地铁互联网团队元老在上海平安集团与平安的技术人员合作办公

轨道交通之后，方正国际“互联网 +AFC”系统已在沈阳、长沙、西安、重庆、呼和浩特等城市轨道交通 AFC 系统中获得成功应用。

随着技术的发展和市场需求的扩大，轨道交通 AFC 系统的更新也层出不穷。从目前的发展态势来看，“人脸识别 +AFC”似乎正在成为行业的一个新趋势，AFC 专委会为此专门在西安组织召开了一次“2019 轨道交通人脸识别技术研讨会”，与会各方就各地风起云涌的人脸识别技术在自动售检票系统中的应用目标、技术条件、部分应用效果等方面进行了深入沟通和探讨。方正国际积极参与会议讨论，也阐述了在“人脸识别 +AFC”这一领域自己的认知和成果。

人脸识别技术是基于人的脸部特征，对输入的人脸图像或视频流，判断存在与否、识别器官信息，进而提取其身份特征，与已知人脸进行对比，从而识别其身份。相对于指纹、掌纹、虹膜、视网膜等同样具有唯一生物特征性的人体部位，人脸具有非强制性、非接触性、视觉特性等三大特点，即取样方式无强制性、获取图像无需与设备直接接触、“以貌识人”更直观。也正因如此，人脸识别技术在很多场景都得到了应用，如高铁检票、门禁过闸、银行卡认证。城市轨道交通人脸识别与高铁检票、银行卡认证的区别在于，一种基本上是一对一认证或多对一认证，一种是多对多认证。当多对多认证的量级在几十万甚至上百万、上千万的时候，在速度和容错率方面系统是否还可以承受尚需验证。因此，目前城市轨道交通中人脸识别的应用还在很小量级上，或者通过技术手段将多对多认证转化为有限一对多认证。但无论如何，人脸等生物识别技术在便捷性方面还是令人期待的。

方正国际“人脸识别 +AFC”技术支持 1：1 人证对比验证，支持注册用户 1：N 对比验证，识别准确率高达 99%，单个体识别时间不大于 0.3 秒，单机 5000 人库容，最大可扩展至 2 万人库容，这些都在行业内达到先进水平。目前，方正国际“人脸识别 +AFC”技术已相对成熟，可成功应用至城市轨道交通中，并在此前合作的部分城市开展了一些尝试，获得良好反响。

方正国际对于创新的认识、技术发展的认识，更注重本质的变化，更注重技术创新与业务结合的效果。

互联网票务及支付进入城市轨道交通行业所带来的变化是巨大的，其本质变化体现在几个方面：其一，自动售检票系统真正由“预付费”时代走向了“预付费 + 后付费”时代，这是最本质的变化。原来多次乘坐轨道交通出行的乘客，有可能成为与运营单位紧密联系的客户；轨道交通乘客多了一种或几种新的支付手段。其二，自动售检票系统真正由复杂前端，开始走向简洁前端、复杂后台。原来 AFC 系统依赖的很多终端模块将严重缩减，由此导致早前故障率较高的一些设备故障率下降，对运维体系也会产生影响。其三，自动售检票系统真正由原来封闭的内网系统，变成了与外网密切关联的系统。AFC 系统的票务安全、系统安全成为未来运营安全更重要的一部分。其四，互联网票务的影响是全方位的，几乎影响到所有的乘客，给全体乘客带来新的出行体验。相反，人脸等生物技术进入自动售检票系统，至少目前还是技术性的革新，只是后付费应用中识别技术的一种更新，在一段时间内，对乘客的影响是局部的、有限的。如若要求一个城市全体乘客或一半以上乘客使用，还需要多方面进行更多的努力与实践。

而云架构的引入和网络稳定性的加强，引发了传统技术架构的变化，甚至可能引发组织架构的变化。早期我国形成的AFC系统五层架构，更多来源于大家对传统组织架构的认识和当时技术条件的限制，能够孤岛运行在21世纪第一个十年中是AFC系统重要的属性之一。当初的设计者自然而然地将技术架构简单归拢为五层架构。但事实上技术架构与管理架构是可以完全分离的。今天的技术条件和云架构的成熟，可以保证ACC系统、LC / MLC系统甚至SC系统都构架在一个云平台上，而运营的组织架构仍可以保持原来的体系，但系统维护的体系就有可能从传统的分专业、分层级构建维护体系，转变为云平台统一维护、各专业专项维护。基于云平台的新一代AFC系统的建设应当可以支持不同地方不同的管理架构，形成不同城市系统技术架构一致、管理架构不同的局面。

出于公心，方正呼吁各个方面，用开放、积极但审慎的态度对待创新，需要区分创新的本质。创新，是追求积累量变到质变的过程，但更重要的是追求质变而达到更好地服务于大众。同时，在公共交通这个安全性要求极高的行业，创新也需要与安全为伴，技术与管理并重。通过技术和管理结合的手段，在技术尚不成熟的时候，靠配套的管理防范运营风险。

第12章
逐梦：布局大智慧交通

深耕轨道交通AFC系统业务也为方正国际积累了丰富的交通信息化领域建设经验，也让方正国际布局大智慧交通成为一种可能，轨道交通ACC系统、智慧公交、公务车运营等业务成为方正国际智慧交通另外的业绩增长点。

与日立集团开展ACC系统业务合作

在不断夯实轨道交通AFC系统核心业务的同时，方正国际不断扩大交通业务内涵，努力提升自我的核心竞争力，轨道交通ACC系统就是其中一个。

2010年以来，随着我国居民生活水平的提高、生活节奏的加快，人们的交易支付手段和习惯也开始多元化，移动支付更是来势迅猛。而随着科技水平的提高，我国小额支付清算网络的覆盖范围不断扩展，功能和效率日益改进，支付清算服务的渠道和方式更加灵活，小额支付清算系统行业呈现飞速发展的态势。

小额支付清算系统最大的特点，即可提供高质量、全方位、全天候的零售支付服务。例如日常生活中的餐饮、水电煤费用缴纳等消费行为，需到柜台排队现金结算，消费者麻烦，收费单位工作量也大。随着小额支付清分系统的发展与一卡通功能的应用，消费者只需用一卡通轻轻一刷，或者通过网络、电话、短信等方式将资金划到收费单位的账户中，交易即可完成，消费更便利。因此小额支付清算系统也被看做是城市信息化建设的基础，是通往智慧城市的必经之路。随着“AFC+ 互联网”的融合，小额支付清分涉猎的范围更广。

小额支付清算放在轨道交通领域，就是 ACC 系统。所谓 ACC 系统，全称 Automatic Fare Collection Clearing Center，即 AFC 系统清算中心。ACC 系统统一城市轨道交通 AFC 系统内部的各种运行参数、收集城市轨道交通 AFC 系统产生的交易和审计数据并进行数据清分和对账，同时负责连接城市轨道交通 AFC 系统和城市一卡通清分系统，规定了对车票管理、票务管理、运营管理和系统维护管理的技术要求。作为地铁 AFC 系统的最上层系统，ACC 系统是地铁运营的重要保障，负责整个 AFC 系统标准的制定、交易的清分清算，以及与 AFC 系统、公交系统、银行系统及其他相关系统之间的对账、参数管理、密钥管理、模式管理、票务管理等。

在多个运营商并存为常态的轨道交通网络中，为最大限度提高运行管理效率，方便乘客一票通行便捷出行，轨道交通管理部门需要通过一个独立于运营商之外的统一平台进行管理，尤其是在票务和收益清算方面，需要按照实际工作量进行收益分配，手工成本难以估量且不太现实，ACC 系统就是因此而来，在分段计价收费的轨道交通时代更是迫切需求。由于其涉及面广、功能多、数据量大、实时性和准确性要求高，ACC 系统堪称轨道交通 AFC 系统的大脑与灵魂。

方正国际最早涉足 ACC 系统是在 2012 年，依托的项目是“春风度过玉门关”的乌鲁木齐 BRT 项目。这一次，方正国际也选择了一家在业内领先的日本企业合作，也就是日立集团。

2012 年 8 月，方正国际与日立集团就乌鲁木齐市快速公交 BRT IC 卡清分系统的签约仪式在北京召开，签约仪式地址选在了中关村方正大厦顶层多功能厅。时任方正集团董事张旋龙、时任方正国际总裁管祥红、时任日立制作所执行役常务中国总代表北山隆一、时任日立（中国）有限公司总经理小久保宪一等一干大佬出席了这次签约仪式。值得一提的是，方正国际也是日立集团在中国首个 IC 卡清分系统领域合作伙伴，这也让方正国际受到了行业及媒体的多方关注。

关于这次合作，外界是这样解读的：日立集团在日本积累的关于 IC 卡清分系统的业绩以及先进的技术，与方正国际在交通事业领域中强有力的销售渠道以及系统开发经验和行业积累相结合；灵活运用日本城市交通 IT 系统的先进经验，将为持续高速发展的中国城市交通事业，提供符合市场需求的 IC 卡清分系统。

fig.12-1 方正国际与日立集团 ACC 系统签约仪式
签约现场（从左至右）：日立（中国）信息通信部金城总经理、日立制作所基础设施系统社信息控制系统事业部南事业所长、方正国际智能交通事业部总经理刘军

管祥红在接受媒体采访时表示：“方正国际与日立集团在多个领域一直保持着紧密的合作。日立集团在交通领域中，成功实施了日本国内 80%的交通 IC 卡清分管理系统，方正国际在金融、医疗卫生和智能交通行业积累深厚并熟悉多种行业标准，早在 2008 年即成功为日本第一、世界第二大票务运营商 PIA 开发电子票务运营平台。双方的合作使彼此的资源和优势得到充分发挥，今后将把 IC 卡清分系统拓展至小额支付领域，相信这种合作模式将会有力地推动我国智能交通管理和城市信息化建设的发展。”

此前，方正国际仅用时两个多月就完成了乌鲁木齐 BRT 1 号线、3 号线 AFC 系统的建设，创造了全国轨道交通 AFC 系统试运行开通时间最短的记录。这次通过建设乌鲁木齐 BRT 线路 ACC 系统与日立集团达成技术合作，无异于如虎添翼，不仅有助于顺利完成乌鲁木齐 BRT 项目的 ACC 系统任务内容，也让方正国际借此进入 ACC 系统业务领域，进一步提升方正国际在轨道交通 AFC 系统业务的核心竞争力。

管祥红还表示：“我国市场经济的健康发展、智慧城市建设的不断深入，离不开一个高效、安全、稳定的支付体系。今后我们会继续将清算系统的服务领域不断扩展，真正实现‘跨行业、跨范围、跨地域，支持多标准’的目标。同时随着我们与日立集团合作的不断深入，将会把小额支付清算系统应用到更广泛的智慧城市建设中去，从而促进我国小额支付体系的快速形成和智慧城市的发展。”

此后，乌鲁木齐 BRT 项目大获成功，不仅让方正国际轨道交通 AFC 系统业务深入大西北，也让方正国际 ACC 系统业务小试牛刀，逐步走向与 AFC 系统业务并驾齐驱、相辅相成的道路。

西安地铁 ACC 系统项目的不眠不休

在与日立集团合作攻关 ACC 系统的基础上，方正国际完成了乌鲁木齐快速公交 ACC 系统项目，在 ACC 作业调度方面开始学习日立系统的一些优点。2014 年 5 月，方正国际成功签下西安市地铁线网清分系统（ACC）项目，项目金额近 1600 万元，这是继新疆乌鲁木齐快速公交 ACC 系统项目以来方正国际在轨道交通 ACC 系统领域的一次重大斩获，也是方正国际在地铁 ACC 领域的第一个重要项目，标志着方正国际正式进军国内地铁 ACC 市场，形成在轨道交通领域 AFC 与 ACC 双剑合璧的局面，也进一步充实了方正国际智慧交通的业务体系。

此次西安地铁 ACC 系统项目，方正国际要为西安地铁提供 AFC 系统运营的各项规则，包括车票、票价、清算、对帐业务规则、车票使用管理及调配流程、运营模式控制管理流程、运营参数、安全管理的流程与授权、终端设备统一乘客服务界面、系统接口和编码规则等，实现运营收益在各个线路区间的清分，实现轨道交通系统与城市通系统间的清算和对账。项目的最终目标，就是通过 ACC 系统于 AFC 系统这种“看不见的力量”的内部运作，在大大减轻地铁等城市交通的运营负荷之余，实现方便广大市民出行的目的。

自中标以来，方正国际交通事业部迅速成立了西安地铁 ACC 系统项目组，本着充分理解、贴近客户和项目需求的宗旨，详细梳理和设计业务流程、实现方式，因地制宜搭建合理的软硬件环境，研究出多路径概率清分算法，总结出自动参数编辑、自动票价计算、自动清分比例计算等技术课题。此外，方正国际西安地铁 ACC 系统项目组还积极借鉴国外先进清分引擎实现无缝对接，通过日常作业调度提高系统效率，运用多种技术、开发语言和测试方法，保证系统的功能性、稳定性和高效性。

在项目管理方面，方正国际西安地铁 ACC 系统项目组遵循 CMMI5 项目管理体系，加强了需求分析、系统设计、开发测试、现场验收等每一个环节的过程管理，大大提升了在质量管理、QA 跟踪、版本控制等方面的项目管理，同时采用敏捷开发模式，缩短开发周期，提高开发和测试效率。

光阴似箭。自中标之日起过了两年光阴，2016 年 6 月，西安地铁 ACC 系统终于到了收官之时。从 6 月 20 日早晨到 6 月 21 日凌晨，历经计划操作的 20 多个步骤，由方正国际建设的西安地铁 ACC 清分系统最终于 21 日凌晨 1 点 50 分正式切换上线。在上线前最后由西安地铁业主建设方、运营方、监理组织进行的压力测试中，系统经受住了未来 8 年内预期 9 条线路极限客流 2350 万笔交易（相当于 1000 万人次 / 日）的压力测试，清分及统计时间均优于预定的 2 小时指标。方正国际交通事业部西

fig.12-2 西安地铁 ACC 系统上线前夜

安地铁 ACC 系统项目组数百个日夜的辛勤付出，在这一刻得到了回报，其技术实力和服务精神也在这一刻再度彰显。

之前在乌鲁木齐快速公交 ACC 系统项目中，方正国际还与日立集团通力合作，到这次独立完成西安地铁 ACC 系统项目的研发和实施，对方正国际来说也是首次，从这个角度来说也是极具里程碑意义的。项目大功告成意味着方正国际有效填补了在该领域的空白，大大增强了公司在轨道交通 AFC 系统、ACC 系统领域的市场竞争力。

两年余时光，方正国际西安地铁 ACC 系统项目组披星戴月，对工作精益求精到近乎“吹毛求疵”，西安地铁 ACC 系统最后实现了在系统实现、界面显示、报表内容等方面最大程度贴近用户需求，在系统效率、性能方面最大程度满足并优于设计要求，在接口预留、系统扩展等方面最大程度满足未来需求。后来，在西安地铁 3 号线、4 号线的分次上线过程中，之前设计的效果、系统的适应性及稳定性都得到了充分的展示。

上线之后，看着项目团队成员溢于言表的兴奋和激动，有感于项目团队两年来没日没夜的埋头苦干，连刚失眠了，再次即兴赋诗一首：

昨夜无眠

昨夜无眠，
是焦急的等待，
吹散了我的睡意，
同事们两年多的努力，
就要展现在眼前。

昨夜无眠，
是怀揣的希望，
等待着远方的消息，
一群人无数个日夜投递的标书，
就要有成败的宣判。

昨夜无眠，
让我们记住 6 月 20 日这一天，
两件事情，
阴差阳错，
选择了同一天。

昨夜无眠，
从管宏十年前对重庆的初访，
到胡军今天登场，
频频传来的消息证明，
十年磨一剑。

昨夜无眠，
二十多个稳定的步骤，
见证着奋斗者的攀岩，
当北京曙光初现的时候，
西安 ACC 正式成功上线。

昨夜无眠，
我看见远在重庆的胡军笑意一片，
我看见远在北京的何健困意连连，
我看见郑州的弟兄们还在奋战，
都期待我们也有海峰拥抱管宏时心中的苦甜。

fig.12-3 乘坐地铁的李海峰

昨夜无眠，
翻过这一篇，
还需要面对奋斗的黑夜与白天，
相信我们自己，
用积极的心态迎接新的一天。

在呼和浩特首创基于云架构的 ACC 系统

在多年发展、不断摸索和持续总结中，方正国际逐步形成了自身的轨道交通业务体系，即将清分清算中心（ACC 系统）、多线路中心系统（MLC 系统）以及自动售检票系统（AFC 系统）归纳为由核心业务（运营 + 控制）、伴随业务（运营 + 管理）、协同业务（维护 + 管理）和增值业务（服务）组成的高效生产与管理系统，从而实现了从生产、管理到服务的全业务处理流程，以满足现代社会日益多样化的市场需求，为客户提供技术先进、功能完备的轨道交通 ACC 系统、MLC 系统和 AFC 系统。同时，用一个统一的架构体系和规范化的建设方法实现差异需求，也能有效降低差异性功能带来的架构、系统稳定性、维护等问题出现的概率和风险。

西安地铁 ACC 系统之后，方正国际实施了大量的轨道交通 AFC 系统项目，市场从北跑到南，又从南跑到北，中间还中标了芜湖市轨道交通清分中心项目，如今又跑到了呼和浩特。与西安一样，方正国际在呼和浩特同时实施了轨道交通 AFC 系统和

ACC 系统。一步一个脚印，一步一个台阶，这一次，方正国际在呼和浩特打造了一个基于云架构的 ACC / MLC 系统，不仅成为业界首创，也成为方正国际轨道交通业务的优势竞争力之一。

中标呼和浩特项目是在 2018 年的夏末。8 月，方正国际交通事业部连续中标了呼和浩特市城市轨道交通 1 号线一期工程清分中心系统（ACC）、呼和浩特市城市轨道交通 2 号线一期工程自动售检票系统（AFC）设备采购两大项目。

作为我国的草原明珠，呼和浩特是内蒙古自治区首个修建地铁的城市。根据呼和浩特市城市总体规划和发展要求，轨道交通线网规划总规模达 154.9 公里，共由 5 条线路构成，其中 1 号线和 2 号线是骨干线，1 号线横贯城区东西，2 号线连接城市南北，两条线交叉于市中心的新华广场，剩余 3 条线路则属于辅助线。方正国际就负责这两条主干线的一个 AFC 系统工程和一个 ACC 系统工程。

呼和浩特 2 号线一期工程正线全长 27.3 公里，全为地下线，共设车站 24 座，换乘站 6 座，全线设 1 个生产中心、1 个灾备中心、1 个停车场、1 个车辆段，其中控制中心与 1 号线合用。需要供货 BOM（半自动售票机）46 台、TVM（自动售票机）154 台、AGM（自动检票机）467 通道。

按照计划，本次呼和浩特城市轨道交通 ACC 系统（清分中心）将覆盖在建 1 号线、2 号线等线路，初期将至少满足这两条主干轨道交通线路的接入能力，后期通过扩展可满足全市 5 轨道交通线路的接入能力。为此，ACC 系统（清分中心）硬件按接入呼和浩特城市轨道交通 1 号线、2 号线这两条线路的规模进行配置，软件则按照接入呼和浩特城市轨道交通 5 条线路的规模进行设计。

根据要求，方正国际将提供呼和浩特城市轨道交通 ACC 系统（清分中心）生产中心、灾备中心，以及配套的网络数据通信设备及线缆、配电设备（含现场配电箱、接地箱）及线缆；还有呼和浩特城市轨道交通 ACC 系统（清分中心）软件系统（包括操作系统软件、数据库软件、应用系统软件、防病毒软件、开发调试工具及其使用授权等一系列软硬件设备）、呼和浩特城市轨道交通运营辅助设备（如编码分拣机、票卡清洗机、票卡清点台、票箱及搬运工具、票卡清点设备、储票柜、保险柜、备品备件储存柜、机柜、桌椅等）、专用测试设备（仪器、仪表）及专用工具等。

目前，呼和浩特城市轨道交通这两大工程正在稳步推进中，基于云架构的 ACC 系统已取得初步成功。2019 年 12 月 31 日，呼和浩特地铁 ACC / MLC 系统、1 号线车站 AFC 系统全面开通。值得一提的是，方正国际此前创新开展的前沿技术，如银联闪付、云闸机等产品，也将在呼和浩特城市轨道交通中应用，这对于呼和浩特来说实现了一步到位的大跨越。

“敕勒川，阴山下。天似穹庐，笼盖四野。天苍苍，野茫茫，风吹草低见牛羊。”相信方正国际建设轨道交通 AFC 系统和 ACC 系统在未来将有力推动呼和浩特这座塞上名城轨道交通的高效运营。

连续多年智慧公交行业十强

在致力于推进轨道交通信息化领域之余，方正国际还着力城市公共交通信息化领域，业务从“地下”走到“地上”，逐步打造立体化、全方面的智慧交通业务体系。针对城市公共交通的业务特点和发展趋势，方正国际提出了一整套功能完善、高效协作、有机集成、按需配置的智能交通整体解决方案。

2010年，公司总部从日本正式迁入苏州之后不久，方正国际就承担了苏州工业园区智慧公交项目（一期和二期工程）。1994年2月经国务院批准设立的苏州工业园区，是中国和新加坡两国政府间的重要合作项目，被誉为“中国改革开放的重要窗口”“国际合作的成功范例”。在这个改革开放的前沿园区实施智慧公交项目，将有可能产生开创性、国际性的重大意义。

根据苏州工业园区公交现状和特点，方正国际智慧公交业务团队提出了公交运营自动化、运营全程可视化、出行信息实时化、报表统计智能化、行业管理科学化等五大原则，致力于实现绿色出行、低碳生活的总体目标。

五大原则中，公交运营自动化是要建成科学的公交营运管理系统，即时掌握公交线路运行情况，实现科学智能化调度。运营全程可视化是要建成技术全面的公交车载系统，通过公交车辆安装GPS和车内监控设备，对公交车的运行和车内实施全程监控，实现调度中心与公交车辆的及时沟通和有效调度。报表统计智能化是要完善信息分析系统，实现上下客自动识别，即时进行客流统计，对公交客流进行科学分析，为新开和调整线路提供依据，提高公交车辆使用效率和企业内部管理效率。出行信息实时化是要建成智能公交场站系统，通过建立电子站牌实现车辆到达站台的提前预报，主要换乘枢纽通过设置出行信息查询触摸屏方便市民选择公交线路，开通市民手机公交查询业务，多渠道服务于市民出行。行业管理科学化是要建成有效的行业管理系统，掌握公交营运数据和服务质量的第一手资料，提高行业管理部门的服务能力，为开展公交规划、线网优化、日常考核以及政策研究等提供决策依据。

在苏州工业园区管委会及相关部门的通力配合下，方正国际最终顺利完成了园区智慧公交项目。项目建设完成后，苏州工业园区公交电子站牌覆盖率达到 72%，核心商业区高教区电子站牌覆盖率达到 100%，乘坐公交车的市民可以通过公交电子站牌、96196 交通服务热线电话、移动掌上公交短信、苏州移动生活网等多种方式实时查询获取车辆到站信息。这也是国内最早实现实时了解公交到站等乘坐信息的城市公交案例之一，是国内建设智慧公交的一大样板，在全国范围内具有领先水平和借鉴意义。方正国际“苏州工业园区智慧公交综合业务平台”也因此荣获“2011 年度中国软件与信息服务外包产业‘优秀项目实施奖’”等重大奖项。

在成功实施苏州工业园区智慧公交项目一期、二期工程之后，2014 年 8 月，在中标郑州轨道交通 2 号线一期 AFC 系统前后，方正国际交通事业部还同时拿下了近 600 万元的苏州工业园区智慧公交三期工程。这一方面体现了苏州工业园区智慧公交项目的成功，也实现了方正国际交通事业部再一次在轨道交通和智能公交两大业务领域齐头并进。

*fig.*12-4　苏州工业园区智慧公交

苏州工业园区智慧公交三期是在一期、二期工程建设成果的基础上，扩大基础设施覆盖范围，提升信息采集和传输质量，挖掘信息综合利用潜力，继而提高各层面用户的满意度，完善应用系统对公交业务管理的支撑，实现这样一个总体目标，即“提升公共交通核心竞争力，促进城市交通有序发展”，建立“公交信息随时随地可查、运营与安全全过程掌控、线路设计科学合理、后勤保障可靠有力”的可持续发展的园区智能公交系统，服务市民出行，打造幸福园区。

为此，方正国际智慧公交业务团队重点围绕公交出行信息服务、公交线网线路设计辅助支持、智能调度省级、支撑与保障、运营与安全、领导决策支持等六个方面开展工作，从前端到后台，从当下到未来，几乎面面俱到。

公交出行信息服务：助力管理部门准确把握园区市民出行的总体需求，以多样化的便捷方式向市民提供实时精确的公交出行信息，满足其信息需求，努力提高市民在乘车、换乘过程中的服务体验。

公交线网线路设计辅助支持：通过园区智能公交系统，园区公交公司可以定量掌握不同区域、不同现有线路上的OD需求，进而科学规划线网线路，并根据线路运行分析调整和优化线路设计。

智能调度升级：协助园区公交公司形成更科学更合理的排班和现场调度，充分调动现有的线路、车辆和司机资源，做好实时道路情况、车辆情况和司机与乘客行为的运行与安全监控，提高公交营运潜力和管理水平。

支撑与保障：帮助园区公交公司实时掌握各场站的运转情况，有序管理车辆保养和维修的计划实施，处理车辆故障的救援和应急，保持合理的备品备件库存，做好机修和仓库管理等后勤保障工作。

运营与安全：通过园区智能公交系统与园区智能交通、园区电子政务、市区智能公交等外部系统的对接，最大化利用现有的城市交通设施和信息数据，为市民出行提供全方位的帮助，提高社会综合效益。

领导决策支持：助力政府主管部门实时掌握园区公交的整体运行情况，通过决策支持系统合理完善和调整园区常规公交规划和设计，提高园区公交建设决策的科学性和前瞻性。

除了苏州工业园区，方正国际智慧公交业务遍布长三角主要城市，单是2013年，方正国际即顺利签约并完成太仓智能公交项目、苏州园区智能公交项目、苏州新区智能公交项目、苏州相城智能公交项目、嘉兴智能公交项目、镇江智能公交项目、常熟智能公交等项目，在华东市场的影响力与日俱增。此外，方正国际的智慧公交业务在东莞、长治、黄石等地也已得到成功应用。

正是凭借多年在智慧公交行业摸爬滚打的经历和成绩，方正国际智慧公交业务载誉颇多，特别是连续多年跻身智慧公交行业年度十强。2014年2月25日，第三届中国智能交通市场年会授予方正国际“2013中国智能公交行业十大优秀企业”称号。2016年4月6日，2015年中国智能交通最具影响力企业评选颁奖盛典暨第五届中国智慧交通市场年会，又再次为方正国际颁发了“2015年中国智能公交行业十大优秀企业”和“2011—2015年中国城市智能交通系统集成商业绩二十强”两项殊荣，充分体现了业内各界对方正国际深耕智慧交通行业的肯定。“2015年中国智能公交行业十大优秀企业”是对过去一年方正国际智慧公交业务的认可，“2011—2015年中国城市智能交通系统集成商业绩二十强”则见证了方正国际过去五年在智慧公交行业取得的辉煌业绩。2017年，方正国际再次蝉联这两项荣誉。

在多年的实践和探索中，方正国际智慧公交业务解决方案得以不断成熟。2016年，针对城市公共交通系统普遍存在着拥挤、低效、污染等问题，方正国际提出在城市中有效地调度和管理公共服务车辆的一整套解决方案，即方正行通智能公交解决方案。该方案的提出解决了公交信息化向智慧公交的转型问题。方案以物联网和云计算为新技术支撑，进行区域和城市智慧公交系统建设，解决了“交通”管理者面临的公交信息采集、资源调控、运行组织监管等问题，同时也解决了“交通”使用者需求的系统建设如交通服务、信息服务等，实现资源最优化配置，提高企业经营管理水平和乘坐服务水平。方正行通智能公交解决方案已在多地落地，效果显著。

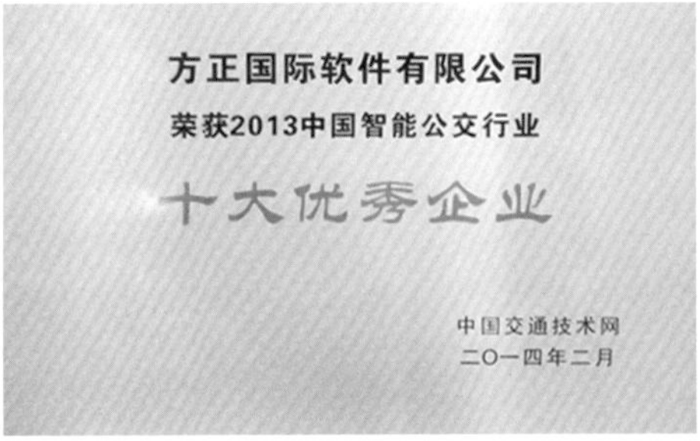

fig.12-5 2013年中国智能公交行业十大优秀企业

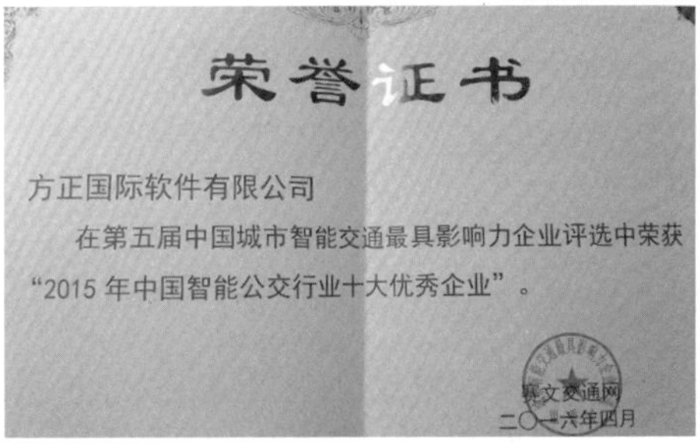

fig.12-6 2015年中国智能公交行业十大优秀企业

fig.12-7 2016年中国智能公交行业十大优秀企业

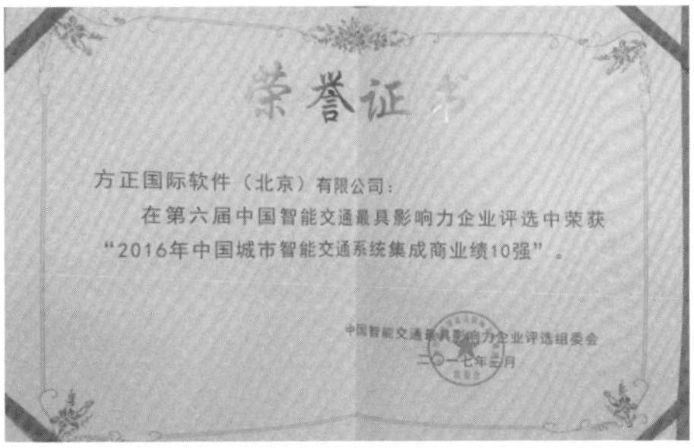

fig.12-8 2016年中国城市智能交通系统集成商业绩10强

目前，方正国际智慧公交业务已形成6大平台8大业务41套子系统，即运营信息平台、安全服务平台、支撑保障平台、协同办公平台、运营监管平台、便民服务平台等6大平台，加上当下最前沿的大数据分析业务和人工智能业务，典型子系统如大数据资源管理分析系统、智能公交调度系统等都代表着行业领先水平。通过完善公交信息化基础设施，建设提高公交内外部信息化水平，优化便民信息服务建设，利用“大数据”综合发挥信息化潜力，方正国际智慧公交业务团队助力各地城市努力提升城市公共交通的核心竞争力。

智慧公交业务的发展，与轨道交通AFC系统业务相辅相成，成为方正国际智慧交通业务的一大柱石。

开拓“运营”的思路

近年来，随着公务用车改革逐步深入和车联网技术的不断发展，方正国际适时研发了车辆综合信息管理系统，产品的市场营销策略定位是以互联网运营模式，通过优质的服务、专业的产品赢得客户的充分认可，这是方正国际从传统项目经营模式向营运服务模式转变的尝试与探索。

方正国际基于自主知识产权的车联网、北斗位置应用、大数据、云计算等核心技术，研发了以“五平台、一中心、一个APP”为系统核心功能模块的车辆综合信息管理系统。“五平台”指车辆基础信息综合共享平台、车辆运行管理服务平台、车辆综合调度管理平台、车辆违规违纪监督监管平台和车辆运行费用统计分析核算平台；“一中心”指车辆监督管理运行监控中心；“一个 APP”指移动客户端手机应用软件。通过以上核心功能模块对车辆进行全生命周期的综合管理。

在车辆调度、车辆定位、成本核算和运行管理等综合业务的基础上，车辆综合信息管理系统对车辆的“使用、调度、运营、维护、安全以及服务评价”等要素进行全方位的大数据分析及数据可视化展现。系统以用户业务需求为核心，以准确数据分析为基础，以车辆安全为抓手，结合“车联网”的前沿技术，通过车辆加装硬件设备等方式，实现了对驾驶员拨打电话、分神驾驶、疲劳驾驶、抽烟、急加速、急减速、急刹车、急转弯等涉及安全驾驶的行为进行智能分析，自动通知后台报警并记录事件发生位置等主动安全管理的功能。系统 APP 支持苹果、安卓双系统，支持申请人、审批人、驾驶员、管理员、用车人、调度、维修人等多种角色同时在线使用，同时手机上可以实时展现用车审批调度、车辆实时位置、维修费用、加油管理等业务数据，可随时随地通过手机处理业务。在确保功能实用的基础上，努力创新设计理念，力求提供超越用户期望的使用效果。

目前，车辆综合信息管理系统已先后在北京市、江西省、吉林省、贵州省等地得到成功应用，主要项目包括北京市公务车出行大数据综合管理平台、北京市海淀区公务用车综合管理平台、江西省南昌市公务用车综合管理平台、吉林省公安局 PGIS 定位信息全国联网项目、贵州省公路局路政巡查车辆综合管理平台、北京市燃气集团车辆综合管理平台等，市场反响积极。这也为方正国际智慧交通业务开辟了全新的业务模式和崭新的业务市场，进一步完善了方正国际智慧交通的业务架构，为方正国际智慧交通的全面发展提供了一个新的业务增长点。

尾声
未来：往何处去

过去已去，未来已来。在这变幻莫测的市场，方正国际轨道交通 AFC 系统业务又将何去何从？

回首——多年的积淀

回到本书开篇，2014 年第一次“南湖会议”之际的方正国际轨道交通 AFC 系统业务，老实说有点“风雨飘摇”。如果再加上 2014 年底方正集团突发变故带来的业务发展危机，似乎更让人看不到希望。或许正是“南湖会议”的魔力，无论是陈凤敏女士倡导的“南湖宣言”带来的行业规范与自律，还是首届轨道交通 AFC 行业联谊会主席轮值公司带来的使命感和责任感，抑或是方正国际人代代相传的“方方正正做人、实实在在做事”的核心价值观终于风雨过后见彩虹，还有方正国际轨道交通 AFC 系统业务团队一代又一代的耕耘传承，使得此后的方正国际逐步扭转不利局面，走入正轨。

在周大良、吴建英等公司高层的宏观指导下，在邓伟、胡军等部门掌舵者的运筹帷幄下，在以连刚为代表的技术骨干的推动下，在方正国际智慧交通事业部上下的齐心协力下，方正国际在轨道交通 AFC 系统业务领域不仅巩固了北京根据地市场，拓展了郑州中原市场，进而实现了向西南、中南、华东等区域全面进军的宏愿，还一举杀入了东南亚市场，延续这块业务在草创之初自带的国际色彩，自身也成为我国轨道交通 AFC 系统业务在国际市场的一个闪亮招牌。

在一切走向正轨并持续发展的时候，方正国际副总裁邓伟回顾了这几年掌舵方正国际智慧交通业务的心路历程——“一年尽力做好一件事”。也许是他有点谦虚，但如果能在方正国际轨道交通 AFC 系统业务已有基础上每年尽力做好一件事，所谓的水滴石穿，只要方向正确，终归会迸发出巨大的能量。

2014 年，他以轨道交通 AFC 系统集成商联谊会首任轮值主席的身份，与陈凤敏女士等行业带头人一起“净化环境”，逐步扭转此前恶性竞争的市场环境。2015 年，深感交付能力是发展一大瓶颈的邓伟，开始着力“强化内功”，借北京市科委的 ASF（框架性 AFC 系统）项目，专门调拨人员开展产品化工作。这个项目结束之后，方正国际轨道交通 AFC 系统业务团队的交付能力较之以往增加了好几倍，这无疑为整个团队的生存和进一步发展赢得了巨大的空间，可谓是借鸡生蛋，一举两得。2016 年，趁着“互联网 +”的东风，邓伟敏锐感觉到轨道交通 AFC 系统未来的发展趋势，于是联合郑州地铁业主方一起实施了一系列的“互联网 +AFC”工程。郑州地铁“互联网 +AFC”一时开风气之先，成为行业关注一大热点，不仅令双方在行业的知名度进一步提升，方正国际也借此进一步明晰了轨道交通 AFC 系统业务下一步的定位，即“新一代轨道交通 AFC 系统”，也为方正国际轨道交通 AFC 系统业务的发展带来了业绩和声望。2017 年的时候，邓伟确定的发展主题是“信息安全”，结合了当年国家颁布《网络安全法》，为“互联网 +AFC”保驾护航。总的这些动作，都是 2017 年方正国际轨道交通 AFC 系统业务实现爆发的一个基础。

从 2014 年的“净化环境”，到 2015 年的“强化内功”，到 2016 年的“互联网 +”，到 2017 年的“信息安全”，邓伟在执掌交通事业部 4 年多来，一年一件事情，一步一个脚印，部门上下一心，至此功有所成。

展望——前行的曙光

未来方正国际轨道交通 AFC 系统业务发展何处去?

在 2018 年的时候，邓伟给出的关键词是“区域”。2018 年，方正国际在全国巩固或成立 8 个区域公司，即苏州、西安、成都、广州、沈阳、河南、合肥、武汉等，在此基础上，进一步提升每个区域公司的本地化销售、交付和服务能力。而智慧交通事业部，要在以往的基础上，继续提高交付能力，在目前 78 人支撑 5—6 条线路的基础上进一步提升至 10 条，将非核心的项目工作能外包则外包，以此推动轨道交通 AFC 系统核心业务的快速发展。他对部门的要求是“要比别人领先一点点去做研发投入”，为此专门成立做创新的部门，保障自身的良性发展和领先性。

在衍生业务领域，除了以往的智慧公交业务、ACC 系统业务，方正国际近两年主力推出了公务车运营这一大创新业务，尝试用运营的思路去进一步拓展方正国际智慧交通业务的外延，实现方正国际智慧交通业务一个新的增长点。

回过头来看，2018 年的预期目标基本上都完成了。

无论是邓伟这个部门掌舵人，还是胡军这个部门决策者，还是连刚这个部门技术负责人，更包括方正国际总裁吴建英，以及方正国际之前的几位领导，一直都在内部宣贯“方方正正做人、实实在在做事”的方正核心价值观。在方正国际智慧交通近几年的发展历程中，这个方正核心价值观的理念一直都在。

邓伟评价连刚为“一名优秀的共产党员”——当然，大家都知道连刚也是一位名副其实的大诗人，每次项目突破关键节点时，他总喜欢即兴赋诗一首。在推行“互联网 +”地铁售票这条路上，方正国际智慧交通事业部内部其实有过争论，但最终让这件事情深入做下去的不仅仅是发展角度，更多的还是从客户角度也就是郑州地铁业主方角度考虑，努力为其创造价值。关注自身能创造什么价值——买卖是一锤子的，价值却是永恒的。

连刚在谈及方正国际轨道交通 AFC 系统发展历史时，常常念叨在嘴边的，也依旧是“方方正正做人、实实在在做事”的方正核心价值观。连刚的“金句”还有很多，比如在价值观方面的“不在乎个人得失，要在乎企业得失”，在战略发展方面的“不因一城一地之得失而停步”“以用户的视角去看待业务和行业发展，以长期服务的视角去看待系统的构建和队伍建设，以创新的视角去看待新技术的引入”“与其被革命，不如参与到革命洪流中去”“既做今天的事情，也做明天的事情，还做后天的事情”，都简单而富有深意。

作为方正国际轨道交通 AFC 系统业务技术方面的总负责人，连刚对年轻人的培养和爱护也是让人印象深刻的，他经常提及

"要给年轻人机会"，鼓励通过"信息共享""成果共享"实现共同进步，为此他要求每个参与项目的人员都必须在项目结束后写一份项目总结，而他自己也会认真做份总结发送给项目团队乃至整个方正国际智慧交通事业部团队的所有人。

也正是因为方正国际从管理层到技术层，从核心骨干到普通一员，他们上下如此"率真"、如此"认真"、如此"较真"，这么多年下来，在业主眼中，方正国际才能持续得到客观、积极、中肯的评价。"技术领先""做事踏实"是最常见的标签，也许与开篇方正国际地铁广告的"活泼"略有出入，但正是这群兢兢业业的方正国际轨道交通人用尽全力去保障每一条负责线路的"平静"开通。这是方正国际秉承至今的精髓，也是让方正国际轨道交通 AFC 系统团队从引领国内行业之先延续至今的奥秘。相信，这也是他们未来继续前行的动力，也让人可以预见到那看得见的曙光。

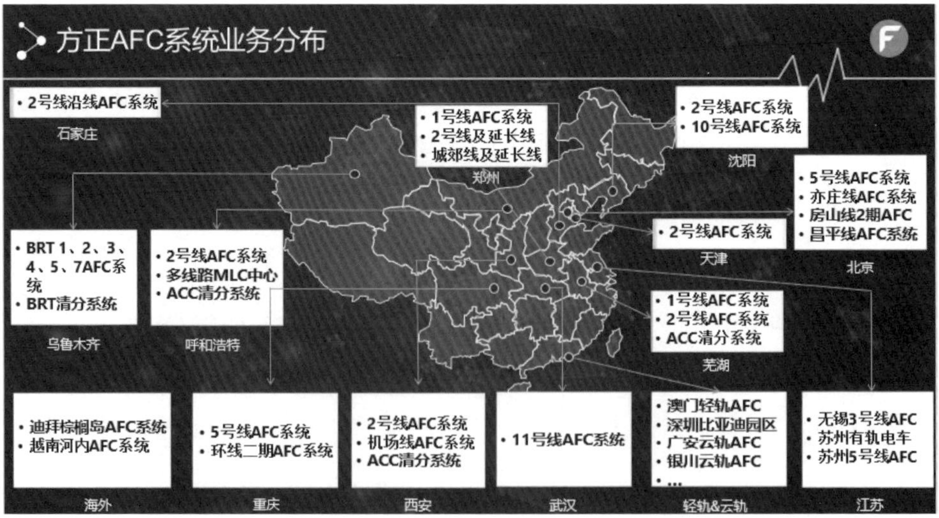

方正国际轨道交通 AFC 系统业务分布图

2019年9月，在参加中国地铁建设50年纪念活动后，连刚应华为之邀，参观了华为的研发基地之一——东莞松山湖基地（溪流背坡村，也叫欧洲小镇），也聆听了华为三个小时题为“理性与平实”的讲座。在返程途中，连刚有感而发，写下了下面的文字，我们把它作为这本书的结尾。

在四个章节（1新大陆的启示，2华为的冬天，3我的父亲母亲，4北国之春）里，处处展现了任正非和整个华为的学习、思考，以及他们理性、宽容、奋斗、平实的革命乐观主义精神。这才是华为不断发展的真正底蕴。用心制作的画面、音乐、文字，时而激昂、时而悲怆、时而平缓、时而高亢，敲打着我的心灵，也把我推向空中，用更高的视野去俯瞰尘世中的起起伏伏与发展过程中必须经历的艰难。它催促我用学习的眼光去看待别人发展背后的道理，它让我用宽容的胸膛去包容别人的过错，它要我不要去哀怨难料的人间世事，也不必在意堂而皇之背后的利益博弈，要学会斗争和妥协，要争取把握住发展机遇，要学会不懈地奋斗，要学会宽容待人，要学会换位思考。要学会居安思危，要掌握美国的发展理念与完整的发展规划和教育理念，要学习日本的精益求精、脚踏实地的工匠精神，更要学习日本在长期零增长甚至是负增长时期的坚韧与忍耐。自己要有充分的民族自信和能力自信，更要有国家自信，只要自己不放弃，就一定能发展起来。

从粤北，穿越山区，进入湘南，一路上山重水复，池塘、菜园、荒地、稻田与树木交错而至又一晃而逝。远处的山峦，白云环绕，或依偎在腰间，或覆盖在山巅，或漂移在蓝天，错落有致。偶有一个小小的池塘、几个小房子、一个小院子，隐藏在池边的树荫下。一切，一切，都是那么的美，也那么的静，那么的恬淡。这如今是很多人所看到的景象。

高速奔驰的复兴号列车，或穿越山洞、或跨越山涧、或骑在山脊、或卧在平原，在这样的景色中犹如雷鸣闪电，呼啸而过。中国城市轨道交通AFC系统在过去二十多年的发展中经历过坎坷、经历过高潮，但也已经是快如闪电，正继续奔向未来。

从地理上看，从珠江三角洲，穿越粤北与湘南的山区，就会进入辽阔的江汉平原，再穿越大别山区，进而是黄淮平原，再往北还会有太行山和冀东平原，再往北，又会有燕山山脉，再往北还会有草原和松江平原，也会有大小兴安岭。地理是起起伏伏，生活也是起起伏伏，发展的道路更是起起伏伏，我们无需在意，在这个过程中，个人的荣辱与得失更是不必在意。我们只需始终秉持"方方正正做人"的理念，坦坦荡荡地行走在前进的路上，不断走向更远的远方。

附录一

方正 AFC 大事记

2002 年，方正集团筹备并组建“轨道交通事业部”，布局轨道交通 AFC 系统市场。

下半年，方正集团与日本欧姆龙株式会社成立联合项目组，着手准备参与北京地铁 AFC 系统建设。

2003 年，3 月，方正集团与日本欧姆龙株式会社围绕轨道交通 AFC 系统签署一项排他性合作协议，强化合作关系。

12 月 31 日，北京第一套轨道交通 AFC 系统在地铁 13 号线投入使用，这是国内第一套真正意义上带有自主研发性质并投入使用的轨道交通 AFC 系统，方正国际连刚是当时轨道交通 AFC 系统中车站系统和线路中心系统项目的总负责人。

2004 年，9 月 14 日，方正集团与日本欧姆龙株式会社在北京签订长期战略性合作协议，同时宣布成立方正欧姆龙联合研发中心。

2005 年，6 月 24 日，北京市轨道交通建设管理有限公司、方正集团、日本欧姆龙株式会社举行“北京地铁五号线地铁自动售检票系统工程合同签字仪式”。不久，方正集团又成功签约迪拜棕榈岛地铁 AFC 系统项目。

2008 年，6 月 8 日，北京地铁告别纸质票，迎来自动售检票时代，方正 AFC 系统助力北京地铁 5 号线（奥运线）平稳运行。

2009 年，方正国际一连中标北京地铁亦庄线、西安地铁 2 号线、天津地铁 2 号线、沈阳地铁 2 号线等 4 条线路 AFC 系统项目。

本年度至 2010 年，方正集团整合 IT 业务，轨道交通 AFC 系统业务划归新的方正国际软件有限公司，共同发力智慧城市市场。

2010 年，“你看不见我，我是方正地铁售检票系统”广告发布。

年底，方正国际助力北京地铁亦庄线正式开通。

2011 年，6 月，方正国际迎难而上签约乌鲁木齐快速公交 AFC 系统项目，同年 8 月完成线路开通，创造了全国轨道交通 AFC 系统试运行开通时间最短的纪录。

9 月，方正国际推动西安地铁 2 号线正式开通运营。

12 月 30 日，方正国际助力沈阳地铁 2 号线开通运营

2012 年，4 月，方正国际中标中原地区第一条地铁——郑州地铁 1 号线一期工程 AFC 系统项目。

上半年，方正国际与日本欧姆龙株式会社联手竞得澳门轨道交通 AFC 系统项目。

7 月 1 日，方正国际力推天津地铁 2 号线开通试运营。

8 月，方正国际与日立集团就乌鲁木齐市快速公交 IC 卡清分系统的签约仪式在北京召开。

2013 年，8 月底 9 月初，方正国际践行“24 小时待命，2 小时响应”机制，携手沈阳地铁保障第十二届全运会期间地铁顺利运营。

12 月 28 日，郑州地铁 1 号线正式开通试运行，方正国际刷新最短工程现场交付工期、自动售票机售票量等多个行业记录。

2014 年，年初，方正国际携手郑州地铁顺利完成春运期间地铁的高客流量挑战。

4 月，第一次“南湖会议”（轨道交通 AFC 系统集成商会议）召开，发布“南湖宣言”，方正国际出任轨道交通 AFC 行业联谊会首任轮值主席公司。

5 月，方正国际成功签下西安市地铁线网清分系统（ACC）项目，这也是公司在地铁 ACC 领域的第一个重要项目。

8 月，方正国际中标郑州地铁 2 号线一期 AFC 系统项目，助力郑州进入“双地铁时代”。

8 月，方正国际中标苏州工业园区智慧公交三期工程，此前已先后完成一期和二期工程。

年底，方正国际顺利完成北京地铁票改工程，成为整个票改工程中表现最好的系统集成商，进一步巩固了北京根据地市场。

年底，北京市主管领导视察方正国际负责的北京地铁 5 号线票改工程现场，央视《新闻直播间》现场报道。

2015 年，方正国际参与北京市科委重点项目——ASF（框架性 AFC 系统）项目，强化产品化工作。

1 月，北京地铁业主方为方正国际颁发感谢锦旗。

10 月，方正国际中标郑州地铁城郊线一期（机场线）以及郑州地铁 1 号线二期 AFC 系统项目。

11 月，方正国际高效完成北京地铁 5 号线和亦庄线 AFC 系统升级工作。

2016 年，2 月 1 日，郑州地铁携手方正国际举行互联网购票服务启动仪式，郑州地铁云购票正式上线，郑州地铁也成为当时国内率先开通“互联网 + 售票”的少数几个城市地铁之一。

4 月 6 日，第五届中国智慧交通市场年会召开，方正国际荣获“2015 年中国智能公交行业十大优秀企业”和“2011—2015 年中国城市智能交通系统集成商业绩二十强”两项殊荣。

6 月 1 日，方正国际实现郑州地铁 1 号线微信、支付宝的移动支付网上购票，在原有“云购票”基础上再进一步。

6 月 21 日，方正国际成功完成西安地铁 ACC 系统切换上线，实现轨道交通 AFC 系统、ACC 系统两翼齐飞。

6 月 23 日，方正国际携手郑州地铁推出全国首家 TVM（自动售票机）扫码支付应用，再创国内第一。

7 月，方正国际中标重庆轨道交通 5 号线一期 AFC 系统项目，并在项目中采用国产数据库 GBASE 作为基础数据库，成为行业的又一次创新应用。

8 月，方正国际力助郑州地铁 2 号线一期开通运营。

11 月，方正国际协助郑州地铁保障暴雪天气下高峰客流的平稳运行。

2017 年，方正国际参与中国城市轨道交通协会推动的轨道交通安全标准制定。

1 月 12 日，方正国际推动郑州地铁城郊线一期正式开通运营。

1 月 25 日，方正国际携手郑州地铁、支付宝，推出“云闸机”，实现刷手机乘坐地铁。

4 月，方正国际拿下越南河内轻轨（吉灵—河东线）AFC 系统项目，成为行业“走出去”的又一经典案例。

6 月，方正国际中标武汉地铁 11 号线 AFC 系统项目，同年 12 月完成竣工验收，创造方正国际最短交付时间的纪录。

8 月，方正国际连续中标西安地铁机场线 AFC 系统项目、重庆轨道交通环线二期 AFC 系统工程。

9 月，方正国际金牌赞助第十四届 AFC 论坛在郑州召开，分享郑州地铁 AFC 系统建设经验。

12 月底，方正国际助力重庆轨道交通 5 号线一期开通运营，这是全球首条可实现城市轨道交通互联互通的地铁线路。

2018 年，1 月，方正国际中标北京地铁房山线 AFC 系统工程。

3 月，方正国际再次中标郑州地铁项目：郑州地铁城郊线二期、2 号线二期 AFC 系统项目。

3 月，方正国际中标芜湖市轨道交通清分中心、轨道交通 1 号线、2 号线 AFC 系统等项目。

5 月，第二次“南湖会议”（轨道交通 AFC 系统集成商会议）召开，发布第二个“南湖宣言”。

6 月，方正国际叩开苏州轨道交通的大门，成功中标苏州轨道交通 5 号线 AFC 系统项目。

6 月，方正国际应邀出席 2018 北京国际城市轨道交通高峰论坛。

7 月，方正国际中标沈阳地铁“互联网 +AFC”项目。

8 月，方正国际参与中国城市轨道交通协会组织的《城市轨道交通新建互联网票务平台建设指南》的编订。

8 月，方正国际连续中标呼和浩特市城市轨道交通 1 号线一期 ACC 系统、2 号线一期工程 AFC 系统两大项目。

10 月 1 日，方正国际力助武汉地铁 11 号线开通运行。

10 月，方正国际中标石家庄轨道交通 3 号线二期 AFC 系统项目。

11 月，方正国际中标在沈阳市的第二个地铁 AFC 系统项目——沈阳地铁 10 号线 AFC 系统项目。

12 月，方正国际中标无锡地铁 3 号线一期 AFC 系统工程。

12 月 28 日，重庆轨道交通环线二期在方正国际等单位协助下顺利开通。

2019 年，5 月，方正国际中标长沙轨道交通 5 号线一期 AFC 系统项目。

5 月，方正国际中标绍兴市轨道交通清分及多线路中心（ACLC）系统项目，成功进入浙江市场。

5 月，方正国际在福建取得突破，中标福州轨道交通 6 号线 AFC 系统项目。

9 月 29 日，方正国际保障西安地铁机场线正式开通运营，实现陕西省城际铁路通车里程“零”的突破。

12 月，方正国际助力呼市 ACC/MLC 部分顺利开通。

2020 年，4 月 29 日 9 时 18 分，方正国际助力沈阳地铁 10 号线顺利开通。

附录二

方正国际轨道交通业务最新解决方案和产品

轨道交通 AFC 系统解决方案

轨道交通AFC系统解决方案，提供实现轨道交通售票、检票、计费、收费、统计、清分、管理等全过程自动处理的整体解决方案。

方正国际轨道交通 AFC 系统由清分清算系统、多线路中心系统、自动售票机系统、自动检票机系统、半自动售票机系统、车站中心系统、票务管理系统以及线路中心系统构成。

作为专业的城市轨道交通自动售检票系统集成商，方正国际在轨道交通 AFC 系统设计、制造、实施方面，均有着十分丰富的经验。方正国际提供的 AFC 系统，已在国内外多条线路中运营，且北京 5 号线是在奥运前开通，经受了北京奥运会大客流量的考验。方正国际轨道交通 AFC 系统构建在方正独特的 AASF 应用服务框架（AFC Application Server Frameworks）上，构架开放稳定，有着很强的可扩展性，技术先进。

结合行业发展和多年经验，方正国际将清分清算中心（ACC）、多线路中心系统（MLC）以及自动售检票系统（AFC）归纳为由核心业务（运营 + 控制）、伴随业务（运营 + 管理）、协同业务（维护 + 管理）和增值业务（服务）组成的高效生产与管理系统，实现从生产、管理到服务的全业务处理流程，满足日益多样化的市场需求，为客服提供技术先进、功能完备的

ACC、MLC 和 AFC 系统。

用统一的架构体系和规范化的建设方法实现差异需求，可有效降低差异性功能带来的架构、系统稳定性、维护等问题出现概率和风险。

方案具有以下优势：

1. 完整的行业信息化项目实施资质

· 信息系统集成及服务资质（壹级）

· 建筑业企业电子与智能化工程专业承包二级

· CMMI5（软件能力成熟度集成模型 5 级）

· ICP 中国电信与信息服务经营许可证

· 信息系统安全集成服务资质（二级）

· 音视频集成工程企业资质壹级

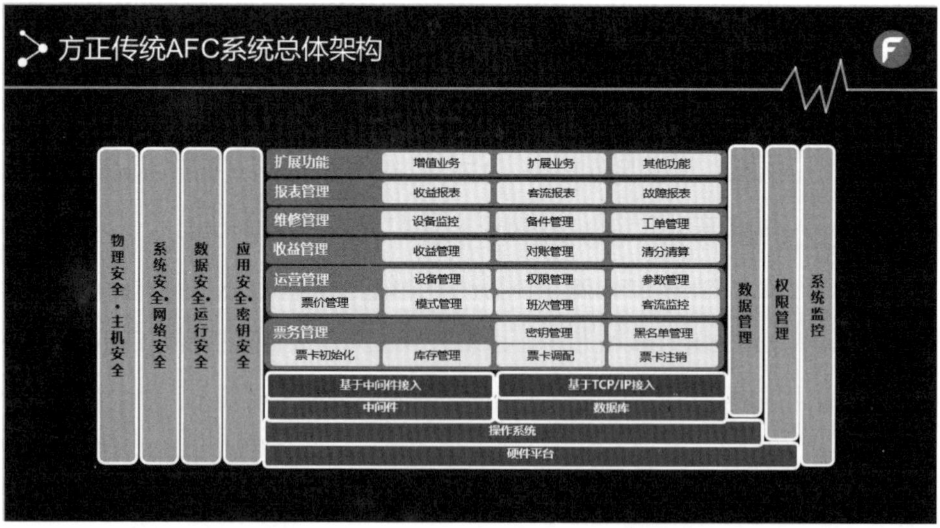

方正国际轨道交通 AFC 系统业务分布图

· 信息技术服务运行维护标准符合性证书（贰级）

· 商用密码产品生产定点单位证书

· GB/T 19001/ISO9001 质量管理体系认证

· 商用密码产品生产销售许可证

· ISO/IEC 20000 IT 服务管理体系认证 安全生产许可证

· GB/T 24001/ISO14001 环境管理体系认证 测绘资质证书（甲级）

· GB/T 28001/OHSAS 18001 职业健康安全管理体系认证

· 高新技术企业证书

· ISO/IEC 27001:2013 信息安全管理体系认证

· 软件企业证书

· 安防工程企业设计施工维护能力证书（壹级）

· AAA 企业信用登记证书

2. 城市第一条地铁新线建设能力

3. 城市后续线路配合建设及并网能力

4. 除本地化服务，还可为用户提供委托的运营维护保养服务、质保期外的多种技术支持等多样化服务

5. 提供的不仅是一套 ACC/MLC/AFC 系统，同时能够协助业主共同建立、完善运营体系

6. 拥有多项专利和著作权

7. 应用范围广泛，在地铁、轻轨、云轨、快速公交等领域均有应用

8. 参与制定多个国标、行标及地方标准编制

智慧城轨信息技术架构及信息安全规范（中国城市轨道交通协会）

城市轨道交通自动售检票系统技术规范（中国城市轨道交通协会）

中国城市轨道交通新建互联网票务平台建设指南（中国城市轨道交通协会）

中国城市轨道交通自动售检票系统工程质量验收规范（GB 50381)

北京市轨道交通 AFC 系统设计与实施规范

西安市轨道交通 ACC/AFC 业务规则及技术规范

沈阳市轨道交通 ACC/AFC 业务规则及技术规范

天津市轨道交通 ACC/AFC 业务规则及技术规范

郑州市轨道交通 ACC/AFC 业务规则及技术规范

北京市市政交通一卡通技术标准（DB11/T 159.2）

一、自动售票机系统

自动售票机设于车站非付费区，自动售票机系统由微电脑控制，功能强大，设置灵活，稳定性高；具有二维条码打印 / 激活、感应卡识别、打印票据、银行卡识别、密码键盘等设备，触摸屏液晶界面可设多级菜单，可以显示窗口名称及公告等内容，打印内容可灵活编辑修改，报表实时统计，可生成各种统计报表。自动售票机可通过参数设置为接受硬币、纸币等支付方式，并可以硬币和纸币找零。

方正自动售票机的特点

1. 外形美观

自动售票机的外观设计充分考虑城市形象。设计风格与自动检票机、自动充值机（预留）等其他车站设备保持协调，体现车站售检票环境的协调统一。

2. 操作方便

乘客可通过简单的操作选择目的站，购票过程的操作步骤不超过三个。自动售票机的设计充分考虑乘客购票习惯，能防止购票误操作。

自动售票机的结构便于操作员的管理和维修维护操作，操作流程简单合理，避免误动作，防止非法操作。

3. 便于管理

通过中心及车站计算机下载各种参数，业主可以方便、及时地增加车站、线路及更新票价表。自动售票机的车票销售记录自动上传车站中心系统、线路中心系统。

4. 高安全性

自动售票机将记录所有维修、维护、更换钱箱、票箱等操作动作，并将数据上传车站计算机，并对票箱等关键部件设置安全区，防止非法操作。自动售票机发现非法操作将报警并通知车站计算机，同时记录非法操作过程。

5. 多种操作模式

6. 各模块功能的参数设置能力，如纸币接收的金额等

7. 应对网络运营的软件自动升级能力

8. SC 的设备构成数据定义，灵活应对车站自动售票机设备的变化

9. 提供明晰的日结单据，方便运营根据各种需求进行钱、票核对

方正自动售票机的优势

1. 方正对自动售票机的操作模式进行了综合、系统的分析，建议采用 14 种自动售票机的操作模式；基本的操作模式有 8 种，是由 7 种售票操作模式及 1 种维修模式构成；基本操作模式之一的运行停止模式，又由 7 种辅助模式构成

2. 自动售票机系统可以提供多种购票渠道，银行卡购票、现金购票、互联网购票等

方正自动售票机操作模式一览表

<table>
<tr><th>业务</th><th>序号</th><th>操作模式</th><th>辅助模式</th></tr>
<tr><td rowspan="11">售票业务</td><td>1</td><td>正常模式</td><td>—</td></tr>
<tr><td>2</td><td>找零 / 无找零模式</td><td>—</td></tr>
<tr><td>3</td><td>仅收硬币模式</td><td>—</td></tr>
<tr><td>4</td><td>仅充值模式</td><td>—</td></tr>
<tr><td>6</td><td>拒收硬币模式</td><td>—</td></tr>
<tr><td rowspan="6">7</td><td rowspan="6">运行停止</td><td>使用中止模式</td></tr>
<tr><td>关闭模式（休眠模式）</td></tr>
<tr><td>故障模式</td></tr>
<tr><td>停止售票模式</td></tr>
<tr><td>紧急通过模式</td></tr>
<tr><td>电源 OFF 模式</td></tr>
<tr><td>维修业务</td><td>8</td><td>维修模式</td><td>—</td></tr>
</table>

方正自动售票机的价值

1. 根据各种情况提供不同的服务

2. 为乘客提供更加有效的服务

3. 操作便捷，安全可靠

二、半自动售票机系统

半自动售票机主要由主控单元、乘客显示屏、触摸屏、操作显示器、读写器与天线、票据打印机、键盘、鼠标及电源模块等构成。

方正半自动售票机的特点

1. 接受车站中心系统下发的路网参数、系统运行参数、运营模式及黑名单等信息

2. 为乘客提供车票分析和处理、发行、充值、更新、退票及查询等服务

3. 向车站中心系统上传原始交易数据和设备状态信息

方正半自动售票机的优势

1. 根据半自动售票机安装位置的不同，可设置不同的操作模式

2. 当与车站中心系统通信中断时，具有离线工作和数据保存能力

3. 具有票务和现金管理功能

4. 具有自检功能，故障报警

5. 具有相应的安全措施，防止非法进入

6. 半自动售票机系统在各种工作模式下的车票处理功能可以由下载参数设置

7. 半自动售票机系统共具备 4 种操作模式和 11 种功能，满足强大的业务需求

8. 半自动售票机系统分别设置两个乘客显示器，面向付费区和非付费区的乘客，处理不同区域乘客时进行切换，完成售票和补票功能

三、自动检票机系统

自动检票机设置在付费区与非付费区的交界处，起着分割付费区与非付费区的作用，实现票卡有效性验证、检票、通行控制、车票回收等功能。

方正自动检票机的特点

1. 自动检票机采用剪式扇门，具有动作迅速、耐磨损、耐碰撞、抗冲击、无振动、无噪音、高安全性、高可靠性、长寿命等特点

2. 自动检票机根据其通行方向和通道宽度可分为进站检票机、出站检票机和宽通道双向检票机

3. 自动检票根据进站检票机、出站检票机、宽通道双向检票机在设备的一端或两端设有读写器，可以对乘客持有的一卡通和专用车票（非接触 IC 卡）进行检查、编码操作

方正半自动售票机操作模式和功能一览表

序号	操作模式	业务	用户需求书功能
1	售票模式	常规业务	售票，充值，更新，退款，分析
		副业务	登录，退出，确认销售额数据，设定日期与时刻，休息，变更密码，确认票价，手动切换业务模式，自动售票机故障时退款
2	补票模式	常规业务	补票，冲值，分析
		副业务	登录，退出，确认销售额数据，设定日期与时刻，休息，变更密码，确认票价，手动切换业务模式，自动售票机故障时退款
3	售票/补票兼顾模式	通常模式	售票，补票，充值，更新，退款，分析
		副业务	登录，退出，确认销售额数据，设定日期，时间，变更密码，确认票价，手动切换业务模式，自动售票机故障时退款
4	维修模式	—	设定系统，更新程序，输出票据，管理登录，自我诊断硬件，管理介质，退出

方正半自动售票机显示器一览表

状态	乘客显示器信息
未登录前，关闭模式	暂停服务
登录后	正常服务
故障时	暂停服务

方正自动检票机的优势

1. 高安全性

自动检票机外观各个部位的边角制作为圆滑曲面，表面也不存在外露的螺丝头等容易造成身体伤害的部件。读写器的表面和单程票回收模块的投入口区域，是用高强度、无毒、阻燃的塑料制作而成。在设备表面上设置的液晶面板、报警灯、方向指示器等，均设有保护盖（面板）覆盖，保护盖（面板）外观也是圆滑形的设计并且具有足够的强度，防止因乘客的行李碰撞造成的损害。自动检票机内部安装有漏电保护器，闸门关闭动作的设计可以有效地降低瞬时冲击力，人性化的安全设计最大程度地保证乘客和操作员的安全。

2. 兼容多票种

自动检票机可以对交通部一卡通、城市一卡通、单程票及其他票种车票进行读写、编码操作。单程票采用回收方式，单程票回收模块在单程票的回收过程中对票卡传送无折弯动作，有效延长单程票的使用寿命，降低运营成本。

3. 友好的用户操作界面

自动检票机读卡器、车票投入口等面向乘客的界面设计清晰醒目，有效地引导乘客通行操作。乘客显示器采用大型（6.5英寸）的高性能（高亮度、高对比度、宽可视角度）的背光式彩色 LCD，提高了视认性，同时通过图标显示操作方法。另外，票卡不正确时，自动检票机会用显示提示信息和蜂鸣器报警的形式提示乘客。

4. 高通过率

自动检票机采用先进的剪式闸门部件、灵活的闸门工作模式设定，以及成熟的乘客检测传感器逻辑设计，保证了检票机的高有效通过率。

5、维护方便

自动检票机采用参数控制，票价和运营模式的变更可以通过参数下载，快捷方便；车票处理记录以及设备状态自动上传给车站中心系统、清分清算系统，实现运营管理和设备管理的自动化。检票机内部模块布局设计合理，互相无遮挡和阻碍，方便设备维护工作的进行。

四、车站中心系统

车站中心系统是AFC系统的重要组成，是车站AFC的核心；在整个AFC系统中，车站中心系统实现车站对系统运营、票务、财务以及维修的管理。车站中心系统接收线路中心系统下达的命令、参数并执行，向线路中心系统汇报系统运营情况；实时监视本站内的各种AFC终端设备，转发线路中心系统下发给设备的指令，或直接下发控制指令到终端设备。

除车站范围内一般业务之外，车站中心系统的主要功能是运营管理功能。车站中心系统可以依据需要直接向AFC终端设备下达控制命令，同时将操作记录上传到线路中心系统。

车站中心系统由一台车站服务器、一台监控工作站、一台票务管理工作站、紧急按钮、打印机和网络交换机、紧急按钮控制盒等组成。

车站中心系统通过通信传输网连接到线路中心系统，完成数据的上传和下载。

五、线路中心系统

线路中心系统作为线路的核心管理系统，承担着全线路的运营管理，票务政策制定、财务管理及各车站中心系统、自动检票机系统、半自动售票机系统和自动售票机系统的协调功能。

1. 支持业务层

为适应系统未来业务扩展的需要，将系统建立在一个具有充分可扩展的通用系统架构之上。该系统架构包括网络基础平台、主机系统、存储系统、数据库管理系统。

支持业务层中的系统接入及传输服务保证了各系统之间的数据交换，是核心业务层及其他扩展业务层进行处理的基础和保障。传输服务采用基于 AAS Service Bus 的稳定接入方式，并能在线路不通时采用离线介质传输的方式。

2. 核心业务层

核心业务层以支持业务层的数据交换为基础，是系统的关键，该层实现了系统的主要功能，是网络化运营的基本要求，同时为其他扩展业务层提供了准备。

核心业务包括资金清算、票务管理、维修管理、财务管理、运营管理等网络化运营基础设施工作。核心业务是由线路中心系统、车站中心系统及 AFC 设备共同实现的。

其中资金清算包括数据检查及账户资金变更等，票务管理包括车票建账、线路库存及代理库存等，维修管理包括设备属性、部件属性及软件功能管理等，财务管理包括资金管理、网络收益及资金划拨等，运营管理包括模式定义、功能管理、参数管理及网络客流分析等。

3. 增强业务层

增强业务层是系统的扩展部分，为了满足业务不断变化带来的需求变更，使应用系统能够长期保持稳定性和扩展，该层可以包括增值业务和扩展业务。

其中增值业务指在不改变原系统的业务处理模式的情况下得到更进一步的功能扩展，例如有数据挖掘、积分优惠及计划管理等。而扩展业务指与原系统不同的业务处理模式进行的系统功能扩展。

4. 通用功能

为了保证应用系统的各层架构的稳定性、安全性，建立了详细的安全体系，主要包括：物理及主机安全、系统及网络安全、数据及运行安全、应用及密钥安全，对应用系统的各个方面进行安全保障，保证系统稳定运行。

应用系统在进行业务处理的同时，提供了附加的为保证系统更有效的维护及管理工作，如数据管理、权限管理及系统监控等功能，保证应用系统更有效、更快捷运行及维护管理。

六、多线路中心系统

多线路中心系统为地铁 AFC 系统的核心部分，实现对地铁各接入线路 AFC 系统内的所有设备进行监控并提供设备状态监视、系统运作、收益及设备维护集中管理功能，系统数据的集中采集、统计及管理功能，与轨道交通清分清算系统对接。多线路中心系统由生产中心、灾备中心、测试中心、培训中心、维修中心等组成。

七、清分清算系统

地铁自动售检票清分清算系统是地铁自动售检票系统的最上层系统，负责整个 AFC 系统标准的制定、交易的清分清算，以及与 AFC 系统、公交系统、银行系统及其他相关系统之间的对账、参数管理、密钥管理、模式管理、票务管理等。由于其涉及面广、功能多、数据量大、实时性和准确性要求高，堪称地铁售检票系统的大脑与灵魂。

方正结合轨道交通实际情况，研究出多路径概率清分算法，总结出自动参数编辑、自动票价计算、自动清分比例计算等技术课题。

此外，方正积极借鉴国外先进清分引擎实现无缝对接，通过日常作业调度提高系统效率，运用多种技术、开发语言和测试方法，保证系统的功能性、稳定性、高效性。

方正结合各地轨道交通建设实际情况，提供两套清分清算系统解决方案。

1．完整的 ACC 解决方案

包括基础系统与网络架构、清分与运营管理软件系统、外部系统接口与接入、票务中心设备与软件、安全密钥系统等，结合我方 ACC/AFC 接口规范定义解决方案，构成成熟、适用的完整 AFC 系统产品。

2、临时 ACC 向正式 ACC 系统迁移解决方案

解决方案从系统建设、功能实现、接口设定、数据迁移、模拟接入测试、正式切换、迁移失败恢复等多层次考虑，配以相应的人员组织、工程管理和运营要求，最大限度规避风险。

轨道交通业务——“互联网 +”解决方案

互联网、大数据、云平台、物联网等新技术新平台不断涌现，“互联网 +”发展战略已被正式纳入国家十三五规划。结合行业特性，方正国际将互联网、移动支付、手机刷卡、二维码处理、银联卡闪付等新技术融入系统中，提出独具特色的“互联网 +”自动售检票系统解决方案。

方案优势

方正是国内最早在地铁实现 TVM（自动售票机）互联网购票和二维码扫码过闸后付费的传统 AFC 集成商，技术方案典型、完整且与传统 AFC 系统配合紧密，拥有多项知识产权专利的方正互联网电子票务系统正在成为各地铁公司互联网改造的标准参照方案。

方案特点

1. 产品对标 AFC 行业标准设计，符合规范要求。

2. 解决方案领先，几乎囊括了当下各地轨道交通互联网建设内容，包括互联网购票、互联网取票、二维码快速过闸、银联闪付卡直接过闸、互联网票务查询与异常处理等。

3. 采用先过闸后付费的信用支付方式。

4. 率先提出每站配备一台前置服务器，作为站级防复制服务器使用，具备车站级、线路级和路网级三级防复制能力。

5. 互联网售取票解决方案形式多样化，包括原有 TVM 改造和独立设备两种硬件模式和扫码购票、取票码兑票两种购票方式，既能减少既有线路 TVM 的硬件改造和资金投入，也能在既有线路不便于改造时获得互联网售票的能力。

6. 提供闸机设备的改造方案，从二维码读头的读写效率到信号干扰，方正在闸机设备改造中做了全面考量。

7. 入口多样化，包括 Android、IOS 等原生 APP 程序，也支持微信公众号、支付宝城市服务及支付宝生活号，也具备接入微信和支付宝小程序的能力。

8. 互联网云后台可移植性和扩展性较高，不局限于阿里云、百度云或腾讯云等，支持私有云、公有云或者是混合云等方案，助力地铁业主系统的独立性，不被第三方绑架。

9. 二维码进出站解决方案采用了基于信用的后付费模式，顺应当前国家对交通运输行业发展的指导思想，在信用付费火热的当下，方正国际已然成为先行者。

10. 在不断的业务迭代中，提出了后台动态计费的概念，并预计将来会成为主流思想。

11. 率先大胆地提出了对账的理念，互联网平台与AFC内网、互联网平台与第三方支付平台，对账范围之广，不仅包括交易明细，各类客流数据，也包括进出站OD配对等，对于单边交易扣除路网到本站最高票价，最大限度保障地铁业主的资金安全和知情权。

12. 归还发码权，把发码权交还业主，而不是平台方或者是第三方平台，支持地铁业主自发码，而不是采用微信码、支付宝码、银联码等。

13. 率先采用国密算法作为云平台安全的保障，采用硬件加密机生成和管理密钥，更加安全的同时，地铁业主对密钥安全完全掌握。

14. 参与或者支持国内多个标准，包括中国城市轨道交通协会、交通部二维码等。

附录三

方正国际交通事业部历年人员名单（2002—2019年）
（排序不分先后）

2002—2009年

总经理 刘军、唐利军

副总经理 连刚、戴笑涛、赵文

其他成员 张莉、贾健、张平、帅国莹、隋丽莉、管宏、王照华、王志华、闫萍、王贵霞、黄川、陈沛章、岳黎明、许阶、叶磊、刘金国、王志聪、帅国莹、张继延、郝素、王李、刘巍、王京睿、张沛、王倩、王艳艳、郑艳红、毕飞腾、王小红、张坤、李海峰、刘金国、朱楠、叶明玉、郝明委、孟照云、刘巍、林刚、刘江涛、席秀均、郑艳红、李正效、李建章、王政委、邢清泉、刘延明、梅雪萌、郑峰、李文春、曹亦文、王甲斌、李庆洋、李霖、李宝、秦发、周菁、宋波、王宏贺、何健、沈忱、石鹏、刘建航、马炎、郭峰、张晓、张继延、吕凯、郑龙、王燕燕、靖立涛、陈宪旖、王波、陈红丽、郭明明、刘畅、邵路娇、贾斌、周海燕、王静、曾莹、钱呈等

2010年

总经理 刘军

副总经理 连刚、赵文、贾健

其他成员 张平、帅国莹、隋丽莉、管宏、王小红、张坤、李海峰、刘金国、朱楠、叶明玉、郝明委、孟照云、刘巍、林刚、刘江涛、席秀均、郑艳红、李正效、李建章、王政委、邢清泉、刘延明、梅雪萌、郑峰、李文春、曹亦文、王甲斌、李庆洋、李霖、李宝、秦发、周菁、

宋波、王宏贺、何健、沈忱、石鹏、刘建航、马炎、郭峰、张晓、张继延、吕凯、郑龙、王燕燕、靖立涛、陈宪旖、王波、陈红丽、郭明明、刘畅、邵路娇、贾斌、周海燕、王静、曾莹、钱呈等

2011 年

总经理 刘军

副总经理 连刚、赵文、贾健

其他成员 张平、帅国莹、胡军、管宏、秦发、席秀均、刘金国、叶明玉、宋德龙、李海峰、郑艳红、郑峰、王小红、李建章、林刚、郝明委、孟照云、邢清泉、李文春、刘延明、曹亦文、苏景志、宋堃、李霖、王波、丁建民、刘巍、罗健、刘云江、张鹏飞、黄洞轩、许赞、谢光萍、刘婷婷、吴晓杰、代云帅、王雪君、张宇、高健桐、许晓宇、杨晨、靖立涛、王燕燕、陈宪旖、陈红丽、郑龙、郑丽娜、马涛、郑佳、王宏贺、郭峰、刘建航、马炎、沈忱、石鹏、张晓、宋波、周菁、吕凯、何健、洪彦、王业、田旭、司维、高义、郭阿威、左文祯、郭明明、刘畅、何继庆、帅国莹、张平、马涛、邵路娇、周海燕、刘彦均、曾莹、钱呈、杨志颖、杨娜、王静等

2012 年

主管副总裁 吴建英

总经理 刘军、蔡蕊、王兴文

副总经理及副总监 连刚、赵文

其他成员 帅国莹、贾健、胡军、管宏、秦发、林刚、叶明玉、王波、许赞、孟照云、刘延明、谢光萍、王盟、易善国、代云帅、郑峰、吴晓杰、曹亦文、刘婷、宋堃、王子为、刘金国、罗健、王小红、张超、李海峰、刘云江、陈宪旖、苏景志、王雪君、许晓宇、杨晨、郑龙、高健桐、洪尉、晁烨、宗娜、李新明、郭艳、韩青青、关美红、宋洋、王斌、高贝贝、郭智敏、胡玉龙、梁燕梅、邢清泉、代鹤勇、刘延飞、刘源、

潘祥伟、孙明柱、刘少宾、吴迪、倪高伟、代宁、李阔、李凯歌、陈卓、金星海、常艳生、曹敏杰、鲍镜宇、高腾艳、廖森彪、何健、王海鹏、王峥、赵军伟、伍秀平、高义、洪彦、吕凯、田旭、左文祯、闵博楠、石鹏、王宏贺、周菁、宋波、沈忱、马炎、郑佳、程杨、金光普、张傲、奥成林、张雪峰、霍英东、郭峰、张晓、王俊、郭伟、邵路娇、何继庆、郭明明、朱红雨、王恺、赵珖普、杨秀娟、吕立平、刘宇、吴风骄、王静、钱呈、杨志颖、杨娜、谷树中、曾莹、赵宇辰等

2013 年

主管副总裁 邓伟

总经理 刘军、邓伟

技术总监 连刚、赵文

其他成员 贾健、胡军、秦发、管宏、叶明玉、刘云江、刘金国、章涛、刘建章、张超、罗健、王小红、郑峰、宋德龙、郭智敏、梁燕梅、王波、许赞、龚洪高、代云帅、王斌、孟照云、林刚、刘延明、谢光萍、王盟、宋堃、黄昞轩、邢清泉、宁安、马涛、陈宪旖、苏景志、许晓宇、杨晨、洪尉、郭艳、宗娜、关美红、韩青青、李雷、李新明、宋洋、郑龙、骆峰、何健、赵军伟、伍秀平、王宏贺、宋波、高义、洪彦、吕凯、王俊闵、博楠、周菁、左文祯、郑佳、郭峰、忱韦超、姜峰、高鹏飞、詹益满、赵宏、邵路娇、何继庆、郭明明、谷树中、杨志颖、刘彦均等

2014 年

主管副总裁兼总经理 邓伟

业务总经理及技术总监 胡军、潘杨、连刚、谢清

其他成员 贾健、管宏、秦发、高伟、刘云江、刘金国、马涛、章涛、王小红、郭智敏、王波、孟照云、梅小伟、李超、罗一波、施雯斌、陈文智、黄琦、胡永超、王永兴、蔡志恒、季秋波、是磊、朱超、陆臻、石鹏、吴磊、周翔、朱胤彤、邹杰、张磊、郑龙、陈宪旖、伍秀平、洪尉、

曹东健、许晓宇、杨晨、韩青青、沈小军、焦扬、嵇兆海、仲海生、马超、张建华、金玲、杨志颖、刘凤伟等

2015年

主管副总裁兼总经理 邓伟

业务总经理及技术总监 胡军、潘杨、连刚、谢清

其他成员 贾健、管宏、秦发、刘云江、叶明玉、高伟、孟照云、李海峰、马涛、王爱娟、王峰、刘瑞力、章涛、王小红、郭智敏、李超、陈宪旖、郑龙、洪尉、韩青青、伍秀平、谢长龙、石鹏、姜峰、何健、沈小军、马超、张建华、陆臻、曹东健、施雯斌、陈文智、黄琦、胡永超、王永兴、蔡志恒、季秋波、是磊、朱超、王世刚、杨名、周翔、朱胤彤、邹杰、张磊、陈景安、嵇兆海、刘凤伟、孙晋文、闫雷雷、金玲、杨志颖、邓一策等

2016年

主管副总裁兼总经理 邓伟

业务总经理及技术总监 胡军、潘杨、连刚、谢清

其他成员 贾健、管宏、秦发、李海峰、叶明玉、刘云江、高伟、陈宪旖、王波、郭智敏、章涛、马涛、郑龙、董磊、郭红甫、石鹏、谢长龙、洪尉、陈海英、孟照云、王爱娟、王峰、李超、钟永红、李海峰、刘瑞力、王小红、陈玉成、孙晋文、闫雷雷、魏娟娟、段颖超、刘凤伟、何健、杨志颖、金玲、邓一策、龙玲玲、骆峰、马超、张建华、沈小军、施雯斌、陈文智、黄琦、胡永超、曹东健、王永兴、蔡志恒、周翔、朱胤彤、邹杰、季秋波、朱超、陈景安、孙文源、李阳、杨凯、张盛青、顾轶等

2017 年

主管副总裁 邓伟

总经理 胡军

副总经理 吴鑫

总工程及技术总监 连刚、谢清

其他成员 贾健、管宏、秦发、刘云江、叶明玉、郭智敏、章涛、王波、陈宪旖、李海峰、石鹏、姜峰、沈忱、王孝宇、李建峰、王为谦、高义、洪彦、张新、许盛敏、左文祯、郑佳、伍秀平、郭红甫、谢长龙、陈海英、杨晨、韩青青、谷岩、许晓宇、郭进军、潘缦利、陈玉龙、王杰、王丕力、段颖超、闫晓晖、马启航、李青、梁伟科、王健、庞陈东、王峰、李超、钟永红、刘朋辉、储云飞、刘瑞力、王小红、陈玉成、原野、郑峰、梁燕梅、胡杰、张扬、王爽、许赞、代永旭、吴彪、龙玲玲、卓海涛、闫雷雷、金玲、杨志颖、邓一策等

2018 年

主管副总裁 邓伟

技术委员会主席 连刚

总经理 胡军

其他成员 管宏 秦发、李海峰、叶明玉、刘云江、章涛、郭智敏、王波、陈宪旖、李路明、王杰、王健、刘瑞力、王小红、原野、郑峰、冯霞飞、魏晓曼、王峰、王猛、张扬、王爽、许赞、洪尉、陈海英、杨晨、伍秀平、韩青青、谷岩、许晓宇、郭进军、陈玉龙、董译文、张群、白洋、王兆欣、解振振、姜峰、王孝宇、王为谦、洪彦、张新、郭红甫、左文祯、孟凡强、方运钦、石鹏、李建峰、高鹏飞、高义、郑龙、郑佳、马涛、吴彪、齐旭东、闫雷雷、沈忱、龙玲玲、何继庆、杨志颖、韩艳霞、金玲、刘丹、邓一策等

2019 年

主管副总裁 邓伟

技术委员会主席 连刚

总经理 胡军

其他成员 管宏、秦发、李海峰、叶明玉、刘云江、郭智敏、章涛、王波、陈宪旖、李路明、刘瑞力、王小红、原野、代云帅、李景辉、张秦瑜、仝峰、张天龙、高杨、张溶元、郑峰、魏娟娟、冯霞飞、陈童、王杰、邓超琦、岳龙、耿传鑫、朱志轩、何肖、张亚静、李渔、王峰、张扬、王爽、许赞、代永旭、李鸿烈、孙涛、何宽、朱辉、洪尉、陈海英、杨晨、伍秀平、韩青青、谷岩、许晓宇、郭进军、陈玉龙、白洋、王兆欣、解振振、胡永超、叶静军、蔺剑、沈楼峰、何健、赵硕、石鹏、姜峰、王孝宇、王为谦、李建峰、高鹏飞、高义、洪彦、张新、郑龙、郭红甫、左文祯、郑佳、马涛、孟凡强、方运钦、谭竣丰、沈忱、张群、杜杰、王基、赵增龙、李阳、吴彪、闫雷雷、龙玲玲、梁江涛、葛军、刘丹、邓一策、金玲、杨志颖、齐旭东、韩艳霞、何继庆、段晓伟等

图书在版编目（CIP）数据

方行正远：方正 AFC 发展纪实 / 李辉，胡军著 . --
上海：同济大学出版社，2020.8
ISBN 978-7-5608-9243-6

Ⅰ . ①方… Ⅱ . ①李… ②胡… Ⅲ . ①城市铁路 – 轨
道交通 – 售票 – 铁路自动化系统 – 概况 – 中国 Ⅳ .
① U293.22

中国版本图书馆 CIP 数据核字（2020）第 141846 号

方行正远：方正 AFC 发展纪实
李辉 胡军 著

出 品 人 华春荣
责任编辑 张 翠 责任校对 徐春莲 装帧设计 张 微

出版发行 同济大学出版社 www.tongjipress.com.cn
（地址：上海市四平路 1239 号 邮编：200092 电话：021–65985622）
经 销 全国新华书店
印 刷 上海安枫印务有限公司
开 本 710mm×960mm 1/16
印 张 15
字 数 300 000
版 次 2020 年 8 月第 1 版 2020 年 8 月第 1 次印刷
书 号 ISBN 978-7-5608-9243-6
定 价 78.00 元